大是文化

刻意學

一年頂十年

喜歡的事和賺錢的事如何兩全？

職場贏家**從不優先考慮興趣**，

他們怎麼學、怎麼正確選擇？

NBCC（美國諮詢師認證委員會）
全球認證職業規畫師、全球生涯諮詢師
孫瑞希——著

CONTENTS

CONTENTS

第七章 你可以擁有一切，但不能同時

推薦序一

覆盤的人生，才能翻盤

商業思維學院產品系主任與產品經理課程主理人／Evonne

希臘神話裡的薛西弗斯，由於做錯事被眾神懲罰，需要每天不停的推一顆大石頭上山，等快到山頂時，巨石就會再度滾到山腳下，必須再重新推上去，日復一日，年復一年。這可能是希臘神話裡，最出名的懲罰之一，畢竟再也沒有比徒勞無功、沒有希望的勞動更可怕的懲罰。

你每天也用這樣的工作懲罰自己嗎？

你說，你也是不得已，環境就是如此、工作就是這麼多、事情卡住你也動不了，你是這樣說服自己，把十年當一天用，讓自己慢慢習得性無助（Learned Helplessness）嗎？

這本《刻意學，一年頂十年》，提供了重獲主導權的思考與實作方向。如果要用一句話來總結這個方法，我會說是「有意識的覆盤、反思與行動方案」。

這在產品管理的流程當中，其實是很常見的概念，就是「敏捷」。所謂的敏捷，並不是「做得比較快」，而是「改進得比較快」，它透過了解目標、推出產品、快速驗證、覆盤與優化的循環，讓產品可以快速得到市場回饋，在每次循環當中，不斷成長、進化，更符合市場與使用者的需求。這和書中一直強調的概念：「覆盤的人生，才能翻盤」不謀而合，這本書其實是將敏捷概念用在人生的具體操作方法。

但是，即使知道覆盤的重要，在做覆盤時，也常常「不知道要檢討什麼」，檢討了也「不知道該怎麼制定行動方案」，即使有了行動方案，也「不知道該怎麼選擇」、「不敢做出改變」，這些問題，書中都提出了不錯的方法。

例如書中提到了「灰度認知、黑白決策」的概念。大家可能聽過一個辯論題目：「我該選擇高薪但不喜歡，還是低薪但喜歡的工作呢？」我就想，為什麼不可能找到高薪又喜歡的工作？為什麼我非得選擇工作，不能創造工作？

在分析選項時，不要急著將選項訂死，認為自己只有這些選擇，有時灰色的、模糊的可能性，也能長出不錯的結果。但是在做決策時，無論目前的選項有多難抉擇，還是需要下定決心、明確選擇，然後承受結果、檢討過程，再進一步優化。

怎麼優化呢？書中介紹ＥＣＲＳ——排除、合併、調整順序、簡化的優化方法，讓你重新檢視你的工作；如果你想跨出舒適圈，這本書也建議，你應該在隔離危險的情況下，逐步跨出舒適圈，而非期待拋棄一切大改造。例如你未必要離職創業，而是可以先用兼職的方式，了解自己心中的夢幻工作是做什麼，等到資訊更明確了，再往前多跨一步，以免一次的重大挫折把自己打倒，或是好不容易到了彼岸，但發現一片荒涼，和自己想像中的完全不同。

許多人總是高估自己一年內的成就，低估自己十年後的發展，善用本書提供的方法，加速成長循環，你就能一年抵十年，往自己想要的人生方向邁進！

推薦序二

有意義的付出時間，精準的刻意成長

S風格社群工作室創辦人、自媒體社群顧問／S編

近年來斜槓似乎變成一種潮流，我觀察到許多年輕世代從學生時期，就開始自主學習多元發展十八般武藝，經常無意識的將時間占滿，認為多學一點、多一個斜槓身分才能跟上時代的變遷，追求所謂的自我實現。而這當然也就出現了「學習的時間破綻」。

在我開辦生涯定位設計課，帶過這麼多嚮往打造斜槓副業的學生以來，我發現許多這類的同學都擁有相同的「強迫學習症」，他們同時購買各式各樣的線上課程和講座，期許自己能在零碎時間、課後時間或是下班時間不斷的精進獲得成長。

但這麼做根本沒有一堂課能夠好好的上完，同時也忘了留時間將學到的東西應用在現實層面，也導致沒有一件事能夠堅持到最後或學以致用！由此可知，每個人都必須先搞懂自己到底想要的是什麼？現階段應該先學什麼？明白人生不是每一件事情都非做不可，適

度的選擇、刻意的學習才能夠更「精準的成長」，成為你所嚮往的模樣。

大學時我念的是西班牙語系，畢業後便到中南美洲最大的臺商集團工作，短短一年內就被老闆提拔為店面營運經理，可心中總覺得還欠缺了什麼。我知道語言並不會是我唯一的專長或興趣，於是在工作中摸索、了解自己原來喜歡時尚也喜歡行銷，於是五年後我選擇勇敢的放棄高薪，到西班牙攻讀時尚產品行銷碩士，往自己真正的夢想邁進。

畢業後回到臺灣，一路上跟隨自己內心的聲音選擇自己想要的職涯！從過去一直追求「進入有興趣的產業工作」到現在「把興趣變工作」，這一路上做了很多「放棄」的決定，放棄高薪、放棄留在西班牙、放棄時尚媒體社群編輯職位……一直到現在成了自媒體社群顧問，也還在持續學習如何放棄、如何拒絕不適合自己的工作和決策。

我始終秉持著一個原則，那就是：有意義的付出時間，並精準的刻意成長朝向目標邁進。而這也是讓我在短短不到一年時間，就靠自媒體打造出理想事業的祕訣。

在面臨各種人生抉擇之間，我們總會不小心掉進成長或是學習的漩渦之中浪費時間，原因就是你不曉得自己想要什麼，人生繞了一大圈盲目的追求看不見的目標，卻還沒有屬於自己的「個人代表作」。這是一本不管你是學生、正在求職轉職的上班族，或是希望用興趣打造副業的人必讀的好書！它將打破你舊有的僵固思維，跳脫原先的思考模式避開成長陷阱，為你迷惘的生涯指引出一條道路。

推薦序三

職涯反敗為勝，從學會「放棄」開始

職業生涯諮詢師、諮商心理師／盧美妏

友人S在一間日商公司做行銷四年了，工作穩定，但他總覺得沒什麼發展性。S考慮出國讀個企業管理碩士（Master of Business Administration，簡稱MBA），但一方面擔心自己申請不上頂尖學校，花這麼多錢不知道值不值得，又擔心放棄現在這份工作，未來找不到更好的。可能到時同事都升職成中階主管了，自己才剛畢業又成了職場新鮮人。

你是否也曾面臨類似S的兩難選擇？身為職業生涯諮詢師，每天都有許多帶著問題來找我的個案。生涯迷茫、找不到方向、不知道自己喜歡什麼、對現在的工作不滿又不知道能做什麼、想轉職、職場霸凌、與主管同事不合……諸如此類種種問題。

我在帶領職業生涯探索工作坊時，常用心理牌卡《人生設計卡》，協助學員和個案釐清自己生命中真正重要的事，也就是作者所重視的「核心任務」。每次看到學員糾結挑選最重要的工作價值，我內心就偷偷竊喜。竊喜自己不用做選擇。不然也難逃每次都糾結的處境。成就感、利他、經濟報酬、獨立性……每樣價值都很重要呀（但只能選三個）！

什麼都重要，那就什麼都不重要。有時候，放棄一些事情反而更容易成功。可是要捨棄真的好難。我們放棄的不只是這個選項的現在，還有未來所有可能性。放棄工作先讀研究所，可能錯過產業紅利期；放棄研究所先去工作，脫離讀書狀態，可能再也沒有機會回到學校。選擇跳槽，放棄的可能是現在工作的穩定跟累積；選擇繼續留在原本的工作，放棄的是職涯新的可能性，甚至是不可多得的好機會。

職業生涯是由一連串的選擇所組成。我們選的從來不是我們要什麼，是在選我們能放棄什麼。但麻煩的是，當我們開啟了某件事，堅持不下去又難以放棄時，往往會選擇逃避。就像我的朋友S，糾結猶豫三、四年，沒有專注在本職工作的結果就是同期員工都晉升了，只有他停留在原本的職位不上不下。隨著年紀漸長，記憶力越來越差，英文和專業科目越讀越「掉漆」。出國之路必然是漸行漸遠。

人生若沒有做出清楚的排序，你就會不斷的被次重要的事情吸走注意力。真正重要的事情，反而就被耽誤了。當你能真正學會放棄、為生命排出順序，你就能決定自己想要什麼，也會開始有力量爭取你真正想擁有的職業生涯。

翻開這本書，從現在開始「刻意學，一年頂十年」。

序言

如何看待堅持與放棄？本書有解

十六年前，我在一家網際網路公司當文書處理人員。每天的工作非常枯燥、瑣碎：打字影印、端茶倒水、跑腿打雜……我一邊享受著穩定的低薪，一邊糾結於要在這種程式化的職業生涯中忍受著無趣和職業路徑窄化帶來的痛苦。焦慮、迷茫是那時的常態。

十四年前，我還在職場「試錯」，幸運的是，我順利的通過了中國註冊人力資源管理師的認證考試，從此一頭栽進人力資源管理領域，並很快獲得升遷。從此，不安分的我開始在職場「閃轉騰挪」。

我曾經嘗試兼職做汽車銷售、機電設備製造、環保設備生產，以及互聯網等行業的顧問和教育訓練服務，最終跨行業「空降」至一家建築施工企業集團當人力資源部經理。雖然每份工作都得到客戶和老闆的認可，也賺了一些錢，但是這樣的閃轉騰挪並沒有讓我找到「心嚮往之」的價值感。

二〇一〇年末，我辭職並開始準備創業。此間，從做B端（business）市場的人力資源管理諮詢到「all in」切入生涯諮詢領域，我經歷了很多波折。好在，一切都有跡可循。

回顧我的從業經歷：二〇〇五年開始接觸生涯規畫這個領域，那時我因為考註冊人力資源管理師的認證，有系統的學習了職業生涯規畫的內容。二〇〇九年，我與某頂級管理諮詢集團合作過生涯規畫項目。那年，是我首次將生涯規畫在集團化企業全面落實的一年。但是，企業端人力資源從業者的生涯視角與C端（Consumer，也可理解為Customer）的視角是不同的，甚至有時是相反的。我做了大量的C端生涯諮詢個案，二〇一八年春，我在國家級科技企業孵化器組建了工作室，開始積極探索生涯規畫的商業模式，並取得了不錯的成效。

我想，我們之間的大部分人，都曾經歷過理想與現實的碰撞。時代的變化讓我們看到了越來越多的生活方式和成長路徑，我們開始把關注的目光從生存轉向了發展，轉向了如何活出更精彩的自己。

但同時，現實的壓力也越來越大：經濟情勢的下行、高房價、白熱化的競爭、日益增長的生活成本……在拚盡全力謀生的日子裡，人們還要面對未來的種種不確定性。在這樣的趨勢中，人們不想被框定在自己的格局裡無計可施。我們如何才能夠撥開迷霧，突破視野的局限、認知的局限，找到更多的看問題的視角呢？我想從下面這個故事開始，就叫它「明明和白白的故事」吧！

有兩個剛進入職場的年輕人，明明和白白，與他們的名字相反，他們並沒有活得明明白白，而是對工作感到迷茫。

有一天，明明遇到了一位高人，那位高人告訴他：「不去嘗試，你怎麼知道自己到底喜歡什麼？」明明聽後覺得很有道理，於是開始頻繁的跳槽，希望能找到自己喜歡的工作。

白白也遇到了一位高人，高人告訴他：「不規畫的人生就是張草圖。」高人為白白做了人生規畫，白白開心的按照這張「人生藍圖」一步步去實踐。

多年後，明明嘗試了無數個職務，也沒有找到自己喜歡的工作，由於在每個職務上都沒有深厚的積累，他只能在基層徘徊，拿著低薪，做著重複性的工作。而白白一板一眼的按照高人規畫的藍圖前行，期間也遇到了不少好機會，但都被他放棄了，理由是藍圖上沒有。時代的變化讓白白所在的行業日暮西山，高人規畫的藍圖一成不變，白白就按部就班，慢慢的，他感覺自己已經跟不上時代的腳步。

明明應該想到：試錯是一個好方法，但漫無目的的試錯就是「笨方法」。試錯有風險，行動需技巧。

白白應該想到：規畫固然重要，但更重要的是審時度勢，要根據實際情況的變化，不斷的優化和修正自己的規畫。

其實，除了試錯和規畫外，我們還有更好的人生策略：建構。所謂建構，是強調個體的主動性，認為人生的發展是個體基於原有知識經驗，並在與社會環境的互動中不斷重新檢視、優化、交換替代的生命歷程。這種建構的策略，能夠讓人們在複雜的變局中，以低成本的方式擁抱風險，對沖重大不確定性，在變局中破局。這也就是本書的主旨——在快速發展、複雜多變的時代，刻意成長。

在接下來的內容中，集中了以下常見的人生發展問題：

- 在快速發展變化的時代，成功的祕密是什麼？
- 如何看待堅持與放棄？
- 小人物的生存法則是什麼？
- 人生逆襲需要哪些關鍵能力？
- 不喜歡現在的工作怎麼辦？
- 如何消除人生選擇時的糾結？
- 如何正確看待人生的「舒適區」？
- 開展副業的正確「姿勢」是什麼？
- 興趣愛好和職業在什麼情況下可以兩全？

- 為什麼不能憑「喜歡」去選擇一份工作？
- 裸辭去過「空檔年」（按：Gap Year，或稱間隔年）值不值得？
- 怎樣才能把控風險，實現低成本試錯？

對於上述問題，我在這本書的相關章節裡，都附上了對應的解題策略。由於眼界所限，難免會有不足。你可以從後往前看，也可以從前往後看，選擇那些你關注的話題讀下去，看看在複雜多變的時代，怎樣才能確定的生活！

第一章 人生中不是每一件事都值得試

01 找到最重要的二〇%，其餘放棄

前英國首相邱吉爾（Winston Churchill）在二戰期間留下一句名言：「永遠、永遠，永遠不要放棄任何事情，不論大小、廣博或瑣碎。」這種做事執著、永不言棄的精神在我們的成長中一直被人提倡。

不過，從經濟學的視角來看，有時候放棄反倒是個理性的選擇。《孟子·離婁下》有句廣為人知的話：「人有不為也，而後可以有為。」意思是說人的精力是有限的，只有放棄一些事情，縮小目標，才能在別的事情上做出成績來。用今天的話來講，叫做「戰略性放棄」。

有時候，放棄才是理性的選擇

戰略性放棄是怎麼回事呢？看看下面這個故事：

二〇〇九年，我空降到一家建築施工企業集團做人力資源經理。那時，新公司剛剛結束與上海一家管理諮詢公司的專案合作。其中，人力資源這塊涉及的諮詢項目有戰略、績效和薪酬。我最重要的一項工作任務就是將這些項目在集團內部落實並優化。

我在之前的職業生涯裡，一直順風順水。所以對於這項工作我充滿信心。但現實卻狠狠的打了我一巴掌：無論我多麼努力，都沒能阻止人力資源部的各項業務陷入一團糟的狀態，我累死累活，焦慮得像熱鍋上的螞蟻。

迫不得已，我打了一通電話給一位相交不深，就職於深圳一家管理諮詢公司的前輩，向她求救，希望前輩能給我一點建議。

幸運的是，那位前輩對我印象很好，樂意為我指點迷津。在聽我描述完問題之後，前輩沉默了一會兒，她詢問我所在公司人力資源部的人員配置、各自職責及我對他們的評價。

最後，那位前輩告訴我，把人力資源部的副經理C某邊緣化；晉升業務骨幹Z某；為避免Z某「一股獨大」，重點培養儲備幹部L某；為避免C某在邊緣化過程中可能出現的敵對情緒及工作疏漏，可調整Q某的工作內容，讓其與C某一起做事。將關鍵職位的工作分配好，其他職位按部就班就可以。

我聽完後又問前輩：「對於這次的人力資源諮詢項目，妳有哪些具體建議呢？」

前輩告訴我：「那些都是術的東西，妳要學會抓關鍵、抓重點，別在細枝末節上浪費時間。把合適的人安排到合適的位置上，很多難題就迎刃而解了。」

我按照前輩的建議，爭取到老闆的支持，重新調整了人力資源部的權力布局和任務分配，很快，工作就理順了。

之後，新的人力資源管理體系開始在集團全面推行。經過不斷的優化，項目在一年後取得了非常不錯的成績。上級主管部門來視察時，我做了關於人力資源變革的彙報，得到了上級主管的高度讚揚。

但這個時候，新問題又出現了。集團公司在各個事業部成立了綜合辦公室，同時接受集團辦公室和集團人力資源部的業務指導。當時，集團公司很多業務區塊處於變革調整期，所以，大家的工作任務都很重。

每週我主持召開經理辦公會，發現對於人力資源部分配的工作，事業部綜合辦公室的負責人都列了工作清單，他們會認真的執行工作清單，但經常會有重大的工作疏漏。

我和他們重新梳理了工作清單，指導大家把清單中最重要的一項任務標注出來，每週將八〇%的精力和資源用在那項最重要的任務上。事後證明，這是一種非常高效的工作方法。在任務極其繁重的情況下，這種方法能保證大家完成關鍵任務，即便有些小的任務沒有完成，也不會對大局造成實質性影響。

這樣的經歷讓我總結出一條有趣的規律：**有時候，放棄一些事情反而更容易成功**。比如我一開始推行諮詢項目時為什麼會陷入困境？因為我僅僅是圍繞項目內容做各種改進和優化，但這並不是解決問題的關鍵。當我在前輩的指導下，放棄了改進和優化項目的想法，轉而將合適的人放在關鍵職位上時，這件事就迎刃而解了。

所以，很多事，我們都能做，但不是必須做。**成功的關鍵在於圍繞目標，放棄旁枝末節，找到那件必須做的事情**。

核心任務與二八法則

我做一對一生涯諮詢時，遇到過不少這樣的來訪者：想要的東西很多，並希望能一次性解決。當他們發現一份工作不能滿足自己所有期待時，就糾結不已，甚至會在十字路口止步不前。殊不知，在資源不足時，有些選擇只能戰略性放棄。

如果你的人生目標是事業有成，多賺錢，那麼你就要放棄對安全穩定的幻想；如果你的人生目標是像風一樣自由，那麼你就要放棄對大富大貴的幻想……那些在職場上有所成就的人，在決策之前，會優先考慮自己的核心任務，圍繞著核心任務做其他事情，把「二八法則」運用到了極致。

二八法則是一八九七年義大利經濟學家帕列托（Vilfredo Pareto）提出的。他認為，在任何一組東西中，最重要的只占其中一小部分，約二〇％，其餘八〇％儘管是多數，卻是次要的。也就是說，對於職業成功這件事情，資源配置是不公平的，有選擇的付出，才能有效獲得回報。

我的客戶老莊是一位事業有成的企業家，他能取得今天的財富和地位，其實是源自少數幾個關鍵的決策。比如：剛畢業時，他放棄了文藝青年的夢想，做了業務，後來從普通業務員做到業務副總，再到自立門戶開公司。他費盡心力，折騰了五年，公司終於在新加坡上市，且他早年買的一塊地皮被政府徵用，獲得了不菲的徵收補償費……。

所以，我們可以參照二八法則，在我們想要做、能夠做的事情中，找出最重要的二〇％。如果資源有限，還可以在這二〇％的基礎上進一步縮小範圍，只保留一件最重要的事。**戰略性放棄不重要的事，深度聚焦重要的事，才是成功的關鍵**。

怎樣找到人生的核心任務

每個人所處的人生階段不同，所以面臨的人生發展任務也不同。因此，想要找到最重要的那二〇％，需要我們認真思考兩個問題：在當下的人生階段，你想要做的事情是什麼？你能做的事情是什麼？然後將這兩個問題拆解成三個部分：

■ 你想要做的最重要的事情是什麼？

我們想要做的事情往往很多，想錢多事少離家近；想位高權重責任輕；想高端大氣上檔次；想低調奢華有內涵……這時，需要從這諸多想做的事情裡，挑出那件最想要做的事情。什麼都想，等於什麼都白想。

■ 你能做的最重要的事情是什麼？

我們能做的事情也很多，有些事情，並不是必須去做，所以我們需要認真思考：能做的事情中，哪件是核心的、是重中之重。什麼都能做，等於什麼都做不好。

■ 哪一件事做成，會讓其他事情變得不再必要？

將想做的最重要的事和能做的最重要的事放在一起比較。思考一下，在你諸多的人生期待中，你做了哪一件事後會推動其他事情的實現？即你做了這件事之後，會發現為了實現目標而要做的其他事情，花費很少的精力就能完成，或者壓根就沒有必要去做了。

比如，我做生涯諮詢時遇到過一些來訪者，他們一開始對職業選擇有很多訴求：工作環境要好、人際關係要和諧、薪資待遇要高、要符合自己的興趣愛好、工作時間要寬鬆等。但是當他們找到一份高薪的工作，之前的其他需求就被弱化了。頻繁加班時，他們會安慰自己說：看在錢的份上；主管性格不好，他們會安慰自己說：看在錢的份上……。

這說明，對於他們來講，在當下的人生發展階段，最重要的是「經濟報酬」，只要這件事情解決了，其他的事情就變得不那麼重要了。當然，對於不同的人而言，人生發展中，最重要的事不一定是經濟報酬，有可能是「利他助人」，有可能是「生活方式」……當我們找到了那件最重要的事情，你就不會讓其他瑣事阻礙你的決策。

在這世上，從來就沒有完美的人生，都是不斷權衡和取捨之後的結果。想要有所成就，你必須知道自己應該做的那件最重要的事情是什麼。對於這個目標以外的事情，可以選擇戰略性放棄。有捨有得，知道自己想放棄什麼，你就擁有了超越平庸的真正力量！

刻意學，一年頂十年經典語錄

成功的關鍵在於圍繞目標，放棄旁枝末節，找到那件必須做的事情。

02 「沉沒成本」太高，更該認賠出場

倫敦大學城市商學院（City, University of London Business School）組織行為學教授安德烈・史派瑟（Andre Spicer）曾經探討過，為什麼有時候放棄比堅持更重要。

▣ 太過於執著某個目標，反而容易忽視更好的替代方案

我老家的縣城高中曾經有一個非常出名的學生，因為他連續參加八年高考（按：相當於臺灣的大學聯考）。他是理科生，學習成績不錯，他的理想是考入清華大學。那時是先填志願，再參加高考，與現在剛好相反。

第一年高考填報志願，他根據平時模擬考試成績預估了分數，結果高考發揮不理想，成績沒過重點線（按：第一批錄取院校的控制分數線），落榜，他選擇了重考。第二年高考，他的成績不錯，超出重點線不少分，也接到了大學錄取通知書。但他非清華大學不去，又選擇了重考。

每年他的分數不是小幅提升，就是小幅回落。總之，他的成績去重點院校沒問題，但

是離清大尚有一段距離。當時高考報考有年齡限制，不能超過二十五歲。到了第八年，他的分數還是老樣子，這一年要是再不入學，明年他年齡超標，就沒有機會報考了。

不得已，他心不甘情不願的去了一所重點大學。而同類型的大學，他明明可以在第二次參加高考時就去讀。同一個結果，他整整耽誤了六年。堅持有意義的事情當然很好，但**不願放棄的人，有時候會浪費自己的才華在那些很難實現的事情上**。

▣ 錯誤的堅持，就算最後達成目標，也可能會不圓滿

我做生涯諮詢和職業輔導的這些年，接觸過很多執拗的堅持一件事的人，無論這件事有沒有做成，他們通常都要面對一段糟糕的親密關係。

蘇德明是一家建築施工企業的技術負責人，他工作認真負責，就是人際關係特別糟糕。儘管技術不錯，但是由於他總是不能處理好與專案經理的關係，因此像臨時工一樣，幾乎每年都要重新找工作。

他把工作不穩定歸因於自己沒有一個能震懾住公司的證照，於是決定考造價工程師（按：工程估價師）。備考過程十分艱苦，中間有一年為了全心迎戰，把工作辭了。妻子一個人賺錢養活全家，壓力巨大，夫妻關係驟然緊張，衝突不斷。

但是，蘇德明最終並沒有考上造價工程師，反倒白白浪費了工作機會。這段經歷引發

的家庭矛盾，讓他覺得比求職和備考還要痛苦。

路走不通的時候，不是路到了盡頭，而是提醒你該轉彎了。有時候，無謂的死磕，不過是對生命的揮霍！

▣ 如果不放棄那些不太容易實現的目標，可能會影響身心健康

很多事情不是堅持就能成功的，那些沒有實現可能性或可能性很小的目標，會讓人們在一次次挫敗中身心俱疲、壓力大，嚴重者會造成憂鬱症。我們看到，很多堅持的背後，不過是放不下的執念。人們希望透過長期反覆的自我尋找，得知內心真實的需求，但卻總被這種需求束縛。

別被「沉沒成本」綁架

為什麼人們會被「內心真實的需求」束縛住呢？多半源自「沉沒成本」。沉沒成本，是指以往發生的，但與當前決策無關的費用。

當人們決定是否堅持去做一件事情時，看得不僅是這件事對自己有沒有好處，而且也看過去是不是已經在這件事情上有過投入。也就是說，當人們在一件事情當中投入了大量

時間或金錢時，往往就很難放棄，即便艱難，也要硬著頭皮堅持下去。因為人都不喜歡後悔，不願意接受之前的投入被浪費。同時很多人也抱有僥倖心理，希望事情能順著自己的願望發展。就像在賭博中總想再玩一把，希望能贏把大的一樣。

一旦被沉沒成本拖下水，人們的關注點就會從「我要什麼」轉為「我不要什麼」。你也許會問，這又能怎樣呢？假設你投資了一個專案，執行了一段時間後發現這個專案沒有盈利能力，如果你的關注點是「我要什麼」，那就很簡單了。我要投資賺錢，專案不盈利，最好的辦法是終結投資，及時清算止損。如果你被沉沒成本拖著，關注的是「我不要什麼」，那就麻煩了。我不要幹賠本的買賣，不能讓我之前的投資打了水漂，再挺一挺，說不定能翻盤呢！這和股市上，人們寧願帳面浮虧也不願意割肉出局一樣。

被沉沒成本綁架，意味著你被套牢了。

怎樣判斷一件事是否值得堅持

一九八〇年，日本的企業與金融機構資源大舉投向房地產，以致九〇年代初期由於資本市場和房地產市場泡沫的破裂，日本經濟驟然減速，長期停滯，被經濟學家們稱為「失去的二十年」。在失去的二十年過去後，很多曾經輝煌的日本電子企業，如索尼

（Sony）、松下（Panasonic），都開始陷入經營困境。

當很多人都在討論如何振興這些老牌電子企業時，前谷歌日本總裁辻野晃一郎在《谷歌的斷捨離》一書中指出，「日本電子企業的時代已經過去，它們如果還執迷於過去的成功體驗，而對當下歐美的新技術和中國互聯網產業的崛起，視而不見的話，以往的成功經驗將會成為這些企業的枷鎖」。

辻野晃一郎認為，**凡事都分兩種場合，一種是「要愚笨的堅持做到最後」，另一種是「要有勇氣中途放棄」**。

到底要堅持還是放棄，可透過「Why」和「How」來進行考慮。Why 指的是目的，就是「**為什麼要做這件事**」；How 指的是方法，就是「**如何能達到這個目的**」。

一般來說，屬於 Why 的部分應該毫不動搖的、愚笨的堅持做到最後。How 是實現 Why 的方法，一旦發現用某種方法不能實現目標，完全可以中途放棄這種方法。這種方法不僅適用於經營企業，還適用於人生選擇。如果說人生的目標是 Why，那麼為了實現這個目標而做出的選擇就屬於 How。

當我們糾結於到底是留在北上廣（按：北京、上海、廣州）還是回老家，到底是考研究所、出國還是工作，到底是去A公司還是去B公司，其本質上都是因為缺少了 Why。只有當你明白了為什麼要做這件事時，才能敏銳的察覺到應該毫不動搖堅持的東西。

刻意學，一年頂十年經典語錄

路走不通時，不是路到了盡頭，而是提醒你該轉彎了。

03 那些不加班的人，都做了這些事

一九三〇年，英國著名經濟學家凱恩斯（John Maynard Keynes）在〈我們後代的經濟前景〉（*Economic Possibilities for Our Grandchildren*）一文中預測：假設不發生大規模的戰爭，沒有大規模的人口增長，那麼，「經濟問題」將可能在一百年內獲得解決，或者至少是可望獲得解決。

這意味著，如果我們展望未來，會發現經濟問題並不是「人類的永恆問題」。在這種「多暇而豐裕」的時代，人會因為太閒，而心生憂懼。然而，凱恩斯的預言並沒有實現，加班文化的盛行，讓過度勞累成為蔓延全球的現象。

日本經濟學家森岡孝二在《過勞時代》一書中指出：人們沒有因為經濟發展和科技發達而變得更輕鬆。從一九八〇年代開始，很多國家進入了過勞時代。因為從那時起，世界出現了三大趨勢：貿易全球化、資訊化和消費主義盛行。

貿易全球化使得分工協作打破了國界的限制。這意味著雇主可以根據需求，僱用任何一個國家的員工。比如，不少知名的歐美大公司會在亞洲建立生產基地，這麼做的根本原因在於當地的勞動力成本很低。這種全球化的生產布局，迫使員工在競爭壓力下不得不接受高強度的工作。

以電腦為代表的資訊化發展，使工作和生活的界限越來越模糊。特別是近年來隨著行動互聯網的發展，很多人的工作時間被無形中延長了很多。你可能隨時隨地都會接到主管或客戶的工作微信，很多人只要不關機，就不得不七乘二十四小時線上。

生活水準的提高，帶來消費主義的盛行。人們開始不再僅為滿足基本生存需求而消費，還有了更高的精神追求。

除此以外，炫耀式消費、攀比式消費（按：你有我也要有）抬頭。想要滿足這些消費需求，如果沒有足夠的存量資產（繼承、父母支援等），就必須透過延長勞動時間，多付出勞動創造增量資產來購買。說到底，科技發達了，加班變多了，不過是由於貿易全球化、資訊化和消費主義盛行這三大趨勢疊加所造成的不可抗力導致的。

無印良品不加班，卻能完成更多事

既然加班是時代發展的趨勢造成，那麼把解決過勞問題寄託在勞動制度改革上，就多少帶點理想主義色彩。

一位參加世界五百強企業面試的同學，在被問到是否願意接受加班時，這樣回答：「**加班是一種態度，不加班是一種能力，能力不夠時就要展現我的態度**。當然，我會努力爭取不加班。」

不加班是一種能力？在某些情況下的確如此。

知名自媒體人粥左羅老師曾經寫過一篇文章：〈廢掉一個人最隱蔽的方式，是讓他忙到沒時間成長〉。他在文中提到，他曾經對課程助理說：「你一定要控制好自己的工作節奏，不用推進得太猛，每天早點下班，週末也不用這麼拚。你空出來的時間，除了休息，就是用來自我成長。」

是的，**你必須有時間成長，而不是無休止的工作**。廢掉一個人最隱蔽的方式就是，讓你覺得自己每一天都特別充實，幹了很多活兒。但是一年半載過去了，卻沒有什麼進步。所以，你需要關注的不是加班，而是**敏捷工作**，即用速度解決一切的工作方法。能否用好這種方法，關係到你的工作效率和工作價值，也是你工作能力的體現。

無印良品執行長松井忠三曾經分享過這樣一個故事：無印良品的員工經常工作到最後一班電車結束，週末也常常只有一天能休息。但是一直過這樣的生活，不但無法提高生產力，也無法得到工作的新創意。

有一天，松井忠三提出，不讓員工繼續加班了。他要求每個部門都要拿出消滅加班的方案，否則就要問責部門的主管。於是，各個部門開始審視自己的工作內容，找出那些消耗了很多時間，但實際上又沒有太多成效的工作，並把它砍掉。一些部門甚至開發出節省工作時間的傳導系統或文件範本。

這個改革實行了一段時間後，大家發現，以前十個甚至十二個小時完成的工作，如果硬性要求八小時做完，也不是不能完成。無印良品曾經調查過員工的網路使用情況，發現員工二五%的時間都在做和工作無關的事。

英國著名歷史學家諾斯古德・帕金森（Cyril Northcote Parkinson）在其所著的《帕金森定律》（*Parkinson's Law*）一書中曾經總結到：工作會自動占滿一個人所有可用的時間。如果一個人給自己安排了充裕的時間去完成一項工作，他就會放慢節奏或者增加其他項目，以便用掉所有的時間。

你可以這樣理解：**完成一件工作的敏捷程度，取決於你給它分配的時間有多少**。帕金森在書中舉了一個例子：一個老太太寄明信片給姪女可能要花上大半天時間——一小時找明信片、一小時選明信片、一小時寫祝詞、半小時找姪女地址，去寄明信片時還要花二十分鐘決定是否要帶雨傘。而一個工作忙碌的年輕人，可能會在上班途中花費五分鐘時間順手做這件事。顯然，年輕人比老太太更敏捷。完成很多工作也是如此，遲鈍的話你可以十天半月不做決定，敏捷的話你可以一拍腦門就去做。

加班是一時，成長是一輩子

敏捷工作的前提是簡化，略去具體細節而抓住主幹，具體步驟如下：

1 建立工作的整體框架

很多職場新人，接到工作任務後，就馬上熱火朝天的投入其中，期望把工作做好。但往往事與願違，不是工作沒達到主管預期，就是工作效率不高，出現這兩種情況的主要原因就是，沒有建立工作的整體框架。

工作的整體框架是指，在明確了工作最終要呈現什麼樣的成果後，分析取得這些成果需要的資源要素及限制要素，然後圍繞著這些去分解工作，並按重要性為每一步的小目標排序。在這種框架思維下，你才能真正看清楚，哪些節點是關鍵節點，哪些資源是必須爭取的資源。當你能夠整體的、關聯的看待工作任務時，你的努力才能卓有成效。

2 簡化，工作不必苛求精細

你也許要問，細節決定成敗，難道工作不需要追求精細嗎？精細沒有錯，但是過分精細不等於順利完成。在快速變化的今天，效率為先。你對工作的首要要求不是精細，而是交付。糾纏細節，會讓整個工作進度受到拖累。

關於這點，臉書創辦人馬克・祖克柏（Mark Zuckerberg）曾經說過：「**完成大於完美**。」所以，**讓工作盡可能簡化，有餘力的基礎上再進一步優化**。

3 限定資訊容量

這裡的資訊容量是指，為了完成某項工作任務而進行的資訊輸入或輸出。舉個例子：假設你是某平臺的簽約作者，平臺要求你每月完成的簽約稿件數量為五篇。為了完成這項工作，你需要考慮的最重要問題是：如何能夠按時交付？

在資訊超載的今天，你為這項工作進行的所有資訊輸入都需要排除冗餘，圍繞既定的工作內容考慮，什麼樣的資訊應該被接收？什麼樣的資訊應該被捨棄？在做內容輸出時也一樣需要考慮，怎樣在限定的篇幅內，把最重要的資訊展示出來。容量不是越多越好，在限定的資訊容量內，要能突出重點，找到精髓。

4 限定決策時長

我做生涯諮詢時，經常遇到面臨職業轉型的來訪者。有人想好了利弊得失之後馬上採取行動嘗試轉型，有人前思後想一年半載也不見動靜。為了敏捷的做出決策，你需要給每一件事限定決策時長。比如，你正在考慮是否要跳槽，你可以先給自己限定一個決策期限。**在最後期限到來前，不管如何，都做出一個決定，而不是左右搖擺。**

儘管在一些管理者眼中，加班被認為是工作態度積極的表現。但是，如果你能夠透過敏捷工作來騰出更多時間讓自己成長，你在職場上就擁有了更多的掌控感和話語權。**你可以自主的選擇工作，而不是讓工作來選擇你。**

敏捷的東西可能是最有生命力的，儘管敏捷工作可能不夠完美，但是人類的很多好創意都是在敏捷快速的情況下創造出來的。用敏捷工作代替加班，任何時候，你都不能忙到沒有時間成長。畢竟，**加班是一時的，成長是一輩子的。**

刻意學，一年頂十年經典語錄

- 加班是一種態度，不加班是一種能力，能力不夠時就要展現我的態度。
- 讓工作盡可能簡化，有餘力的基礎上再進一步優化。

04 超前消費與隱形貧困

加班泛化，消費主義盛行，讓八〇、九〇後身上呈現出與六〇、七〇後完全不同的特點。作家寧小軍在《自金融》中提到：中國的八〇、九〇後群體具有幾個顯著的特點：

第一，是受教育程度更高，受過大學教育的人數超過一．一億人，遠高於七〇後的八百萬人，占同齡人比例高達三五％；而且**受教育程度越高，消費意願越強**。

第二，是對未來收入和福利的預期更為樂觀，無法認同父輩那種薪水存銀行的消費態度，而是**堅信「錢是賺出來的，而不是省出來的」**。

第三，是城市化聚集，實際上，只有二三％的八〇、九〇後出生於城市，但如今生活在城市的已超過六〇％。他們深受城市潮流文化薰陶，接受城市物質文化影響。這些特點，使得他們**消費更主動**、**意識更超前**。每到年節商家大促銷，他們的購物車，不僅是線下購物車，還有線上購物車，總是滿滿的。

小夏畢業三年，是一名技術主管，目前月入兩萬五千元。這樣的收入，在小夏所在的北方小城，如果精打細算的話，還會有點結餘。

小夏剛畢業時，月薪一萬五千元。那時為了省錢，她與幾個小姐妹合租房子，月租九千元，大家分攤房租。她平時很少在外面吃飯，經常自己買菜做飯，日子雖然拮据，但一萬五千元也能應對日常開銷。

現在薪水雖然漲了，但她總覺得自己的錢不夠花。辦公室女孩子多，大家難免有些攀比，誰用哪個牌子的香水，哪個牌子的口紅，買了哪個牌子的衣服，大家都要品頭論足一番。小夏覺得女孩子青春短暫，穿著打扮體面才對得起自己，於是她開始過起了與自己的收入不大相稱的生活。這樣下來，每個月僅置裝費一項就要花掉不少錢。遇到年節假期，還要放鬆一下，犒勞自己去旅行，享受一下「詩和遠方」。

小夏來我工作室做線下面詢時，我看她化著精緻的妝容，背著一款名牌包包，雖說只是入門級，但也要兩萬多元。臨走時，她補了補妝，拿出的是一款大牌粉餅和口紅。她家境普通，沒有後援，薪水根本支撐不了這樣的生活水準，所以超支的部分就用信用卡和花唄（按：消費信貸產品，和信用卡的功能類似，先消費後還款的支付方式）等填補。月入兩萬五千元，欠款三十幾萬，越空越花，越花越空。

小夏和很多人一樣，外表光鮮亮麗，可實際上非常貧窮，用時下一個比較流行的詞來形容，叫「隱形貧困人口」。他們可能會吃精緻的西餐、用高檔的化妝品、背名貴的包包、去各地旅遊、請昂貴的私人教練，但是沒房、沒資產，只有一屁股債務。一句話總結，他們是小資和赤貧的結合體。

他們努力升職加薪之後又不斷升級自己的消費水準，最後發現儘管收入增加了不少，但仍然很難存下錢來。以前小夏並沒有覺得「超前消費」有什麼不好。反正該享受的也享受到了，自己還年輕，能力一直在增值，賺錢不是什麼難題。但是當她走到了人生的十字路口，需要進行重大抉擇時，才發現有點儲蓄有多麼重要。

前段時間，小夏所在的公司策略性裁員，頭一天還在加班的小夏，第二天上午就接到了裁員通知，下午就要簽協議走人。一切來得迅雷不及掩耳。由於手頭沒有積蓄只有欠款，所以她焦慮得要死。在網路上投了幾份簡歷泥牛入海（按：比喻一去不復返）後，慌亂中她選擇了朋友介紹的一份職位和薪水都不如從前的工作。她說：「沒錢就顧不了長遠了，先把眼前的危機應對過去，至於合意的工作，只能先放一旁再說了。」

經濟學上有一個概念叫作「棘輪效應」（ratchet effects）。所謂「棘輪效應」就是當一個人形成現有的消費水準之後，向上增加非常容易，向下調整卻非常困難，正所謂「由儉入奢易，由奢入儉難」。我遇到過不少像小夏一樣的年輕人，由於經濟上的儲備不足，而沒有辦法從容的應對來自生活或職場中的危機。他們把本該用在個人成長上的心力，都花費在了營造虛假的體面生活上。

表面歲月靜好，實則窮困潦倒。由於不能處理好與金錢的關係，他們墜入了「隱形貧困」的陷阱難以自拔。在經濟社會，一個人的金錢觀也就是他的世界觀，只有當我們能夠處理好與錢的關係時，才能夠有足夠的心力與這個世界更融洽的相處。

理財思維，讓財富積累出現天壤之別

兩個賺錢能力差不多的人，為什麼經過若干年之後，在財富的積累上會出現天壤之別呢？這裡面最關鍵的一個因素就是理財思維的差距。

很多年輕人都信奉「賺錢不重要，賺得多才靠譜」。但是對於大多數普通人來說，如果你不能透過代際傳承（按：指家族企業中兩代人之間的企業傳遞與繼承）擁有財富的話，那麼擁有財富的第一步往往是從樸素得不能再樸素的「賺錢」開始。

幾萬元的收入，去掉房租、吃喝費用，也許剩不了多少錢，但是當你有意識、有計畫的對這些小錢進行存儲時，你也就有了樸素的理財思維。它未必能讓你過上多麼富裕的生活，但積少成多，這筆錢或許在將來的某個關鍵時刻能幫到你，甚至扭轉人生的走向。**你賺的不是錢，而是你的生活。**

十幾年前，小瑞和小慧同在北京的一家公司上班。兩人都是辦公室最基層的職員，薪水微薄。小瑞省吃儉用每個月能結餘一、兩千元，統統存起來。小慧的薪水總是不夠花，一到月底不是向家裡要錢就是向同學借錢。兩年後，小瑞存了三萬多。小慧嘲笑小瑞：「把自己搞得那麼辛苦，兩年才存下這點錢，值得嗎？」小瑞笑笑，沒有理會。

小瑞花了三萬兩千元參加研習，加上認證考試的一千六百元，一共三萬三千六百元，拿到了一個含金量很高的職業資格證書，並由此成為國家發改委（按：指國家發展和改革委員會）下屬的中國某行業協會會員，開始有機會接觸更高層的群體。

後來，小瑞在一次行業大會上結識了一位企業家，被高薪挖走。小慧仍然在原來的公司上班，她經常抱怨自己的職位低、薪水低，在北京混了那麼久，還是只能勉強維持溫飽。

有一年小瑞聯繫小慧，幫她介紹了一份薪水和職位都比現在高的工作。由於那家公司處於初創期，不確定性比較大，所以小慧最終放棄了那個工作機會。她的理由是，自己沒有存款，萬一公司開沒多久倒閉，自己該怎麼生活。事實上，那家公司後來發展得不錯，幾年以後還在不少地區開了分公司。但是，隨著公司的壯大，徵人的門檻也變高，小慧已經沒有機會。

一晃又過了幾年，到了三十二歲的光景。此時小瑞已經辭職創業兩年。而小慧在北京既沒有賺到錢，也沒有謀到太好的發展機會，就回去老家，找了個條件相當的男生結婚。有小孩後，小倆口日子過得很拮据，時不時要靠信用卡救急度日。

巴菲特曾說過一句話：「人生就像滾雪球，重要的是發現很溼的雪和很長的坡。」小瑞在艱難的日子中每個月存下的一、兩千元，成了她手中第一把「很溼的雪」，她把這些錢投資在個人成長上，就等於找到了「很長的坡」，所以後來發展得越來越好，加速度越來越快。而小慧認為女孩子要活得體面，不能太將就，她把錢全都花費在物質上，甚至超前消費。她以為那是一把很溼的雪，其實那只是一把很細的沙，抓在手裡滿滿的，慢慢就從指縫溜走了。

所有的有效積累最終都會帶來一個讓人驚訝的結果。即便一開始只是一個微小的積累，但只要加上「長期」兩個字，它就會帶來無窮的魅力。只是大多數人都堅持不下來而已。

巴菲特的長期合夥人查理・蒙格（Charlie Thomas Munger）說：「我們並沒有處在一個豬玀也能賺錢的美好時代，競爭會變得越來越激烈，我們要思考，怎樣才能成為那靠前的二〇％。」對於每個人而言，我們在各個人生階段的目標的實現，幾乎都離不開財務目標的支撐。所以，當我們能夠帶著理財思維去看待人生時，就會站在一個投資者的角度，這時，我們對職業的感受和選擇往往會有所不同。

從「量入為出」到「量出為入」

很多人的理財思維是「量入為出」。例如：每個月的收入是四萬，開銷三萬，剩下的一萬積攢下來，選擇合適的理財方式增值，然後看看這筆積蓄能做多大的事。

這其實是用今天的收入決定未來的目標，用老話來說就是：有多大碗吃多少飯。其實更好的理財思維應該是「量出為入」，也就是站在未來看當下。**根據未來的個人發展或支出目標，來倒推當下的財務目標**。

例如，你希望兩年後結婚。量入為出的思維方式是：我現在每個月的收入是四萬元，開銷兩萬八千元，結餘一萬兩千元，兩年後結餘二十八萬八千元；理財收入兩萬元；父母支援四十萬元，一共七十萬八千元。某市目前房價均價每坪十五萬元，按首付三〇％計算，這些錢可以買一間十五坪多的房子。

量出為入的思維方式是：兩年後我要結婚，我要買一間二十七坪的房子。按照某市目前房價均價每坪十五萬元，首付三〇％計算，需要將近一百二十二萬元。我現在每個月的收入是四萬元，開銷兩萬八千元，結餘一萬兩千元，兩年後結餘二十八萬八千元；理財收入兩萬元；父母支援四十萬元，一共七十萬八千元，還有五十一萬兩千元左右的缺口。我現在有哪些開支可以省下來填補缺口？我有哪些技能可以開闢副業額外賺點收入？當然，如果你的步伐邁得大一些，有沒有可能換一份更高薪水、更有發展的工作？

一旦你有了這樣的理財思維，你就會有兩個非常積極主動的選擇：要麼主動尋找更好的理財方式，要麼謀求更好的職業發展機會。當你主動出擊時，你的眼睛是雪亮的，你會像撥開雲霧見青天一樣，看到很多以前不曾留意的機會。

作家史蒂芬．茨威格（Stefan Zweig）在給斷頭王后瑪麗寫的傳記中，提到她早年的奢侈生活，無比感慨。他說：「她那時候還太年輕，不知道所有命運贈送的禮物，早已在暗中標好了價格。」不要覺得你可以輕易的獲得光鮮的生活，那不過是過度透支的未來。**消費不會毀掉年輕人，真正毀掉年輕人的，是無窮無盡的欲望**。想要擁有一樣東西，最好的方法就是讓自己配得上它。

刻意學，一年頂十年經典語錄

想要擁有一樣東西，最好的方法就是讓自己配得上它。

05 人的意志力是有限的，關鍵在方法

「上班是任務，創造價值是結果」，當你這樣想時，說明你已經具備了基本的結果導向思維。

我做生涯諮詢時，經常會遇到三十歲左右的來訪者，不少來訪者面臨職業轉型的問題。他們明明知道堅持某件事會讓自己的人生發生積極的改變，但是能想到卻做不到，常常下決心做出改變，卻總是半途而廢。

提起做事不能持續，他們普遍認為是自己的意志力不夠強大。實際上，人的意志力是有限的，帶來持續改變的關鍵不是強大的意志力，而是你能否放大做事的價值，成為一個有結果的人。

為什麼大部分人都不能堅持做好一件事？

三十歲的魯峻是某一線城市一家大型互聯網公司的程式設計師，他工作已經六年有

餘。隨著年齡的增長，魯峻明顯感到自己的精力大不如前。

他說：「甭管是明規則還是潛規則，互聯網企業的九九六（按：指朝九晚九、每週六天的工作模式）是人所共知的事情。」長期加班對體力的透支以及面對來自家庭的壓力，讓魯峻感到寫程式這條路走不遠。他希望給自己兩年的緩衝期，儲備資源向管理層轉型或向大數據方向轉型。

魯峻說，如果自己三十五歲左右還在基層職位徘徊，做不到管理層或技術專家，未來的職業發展會十分堪憂。他指出，一些企業會明裡暗裡的排擠年紀大的程式設計師，逼迫他們離開。談及原因時，魯峻表示，互聯網行業競爭激烈，很多時候，公司對程式設計師的工作要求是「快速回應」。在這種情況下，有時候回應速度快比技術水準高占優勢。

也就是說，程式碼品質能夠保證業務正常運營，實現功能就行，技術的要求反倒降低了。這就使得一些初出茅廬的年輕程式設計師更具競爭優勢。他們的人工成本低、精力更充沛。

為了不讓自己在激烈的競爭中落敗，魯峻為自己制定了詳細的能力提升計畫。他買了不少書籍和線上課程，也參加了很多線下研習。然而，即便如此，他也沒法讓自己堅持得太久。他總是在書本看到一半時就放下，隨手再拿起一本新書。那些線上課，多半是聽了開頭，之後他就再也沒有聽過。有時候，時間稍微有點趕，線下研習他就拖著。

魯峻能拿定主意去做事，但又不可避免的無法貫徹始終。他十分痛恨自己總是不能堅持到底，他問我：「我制定那麼多好的計畫，為什麼總是自己打斷計畫，怎麼把想做的事情堅持下去？」現實生活中很多人都像魯峻一樣，大部分人都知道什麼是對的，並且熱切的希望自己能夠在工作或生活中去實踐那些對的事。可是真正能夠持續做下去的人少之又少，多數人都半途而廢。

人們總是很難做出持久的改變，他們中斷學習計畫、中斷年初定下的工作計畫、中斷減肥計畫、中斷戒菸計畫……儘管這些計畫長期堅持下去，會給他們的生活帶來積極的改變，但人們仍然願意為了片刻的歡愉而中斷它。

想到卻做不到，是因為用錯了「武器」

也許你會說：「那些不能夠持久堅持一件事的人是意志力不夠，沒有養成良好的習慣。」但事實並非如此。研究顯示，習慣只占生活和工作行為的四〇％。一味強調養成好習慣，並不能改變我們行為中另外的六〇％。

早些年我在一家汽車四S店（按：指集汽車銷售、維修、配件和信息服務為一體的銷售店）實習時，帶我的師父告訴我：「想要成為一名銷售高手就要像喬．吉拉德（Joe Girard）一樣洞察人性，積極改變自己人格中的弱點。」這話說起來容易，但做起來特別困難，因為核心人格貫穿一個人的一生，很難有太大變化。

如果能做到根本性改變，就要變得像那些具有非凡意志力的人一樣，激發自己對某件事情產生強烈的渴望，但這樣一來，人們就需要克服改變過程中遇到的巨大的困難，所以多數人的改變都失敗了。事實上，要做出持久改變，你只需要了解持久改變背後的科學，並設計一套適合自己的行動步驟就行了。

美國暢銷書作家尚恩．楊（Sean Young）提出，人們所有的行為，不外乎以下三種：

- **自動行為**，即無意識做出的行為，比如不自覺的抖腳、咬指甲。
- **衝動行為**，就是心裡知道但忍不住的行為，比如衝動消費、忍不住滑手機。
- **常見行為**，就是「習慣」，這是最不容易改變的一種，比如熬夜、不愛運動等。

他說有七種「心理武器」支撐著人們在生活和工作中將預定計畫堅持到底，它們是：步步為營、社群、重要性、簡單、神經再造工程、迷人的魅力、深植。利用的武器越多，堅持做事直到達成目標的機率就越大。由於人們做出改變的行為不同，需要用的「武器」也不盡相同。而人們之所以總是能想到卻做不到，多半是因為用錯了武器。

讓結果變得可以交換

很多人之所以無法貫徹始終，是因為停下了該去做的事，而去做那些心裡知道不對，但忍不住去做的行為。比如：放下手頭的工作，逛購物網、刷抖音；在當前工作任務沒有完成時，忍不住切換到下一個工作任務中等。這些都屬於衝動行為，應對衝動行為，我們可以從心理武器庫的七大武器中挑選四個：步步為營、簡單、深植、迷人的魅力。

■ 步步為營

研究顯示，把焦點放在小步驟上，一個人便會有更高的成功機率。簡單來說，就是把你的大目標拆解成一個個步驟，一步步的完成，這就是步步為營。

如果一個人完全專注於自己的長期夢想，那麼他很可能會因為步伐邁得太大、太辛苦而放棄。因為無法很快看到結果總是會讓人沮喪，人們就很容易在沒達成目標時放棄。你可以試著設定一個需要花一個星期完成的小目標，再規畫出不到兩天就能完成它的步驟。

只有聚焦於完成具體的可量化的小目標，才能讓改變更加持久。

▣ 簡單

亞里斯多德說：「我們可以認為，在其他條件相同的前提下，所需假設較少的證明更為優越。」換句話說，最簡單的設想往往也是最好的。因為人們總是願意堅持做那些比較容易的事情。如何把想做的事情變得容易呢？你可以透過控制環境、限制選擇來實現。

- 控制環境：讓環境變得更易於做某事，降低這件事的啟動成本，就會讓人們真的願意去做這件事。比如，你想要堅持健身，那麼健身房最好就選在離家近一點的地方。
- 限制選擇範圍：研究顯示，選擇太多會讓人們難以做事。限制選擇範圍，讓自己除了做這件事，沒有其他選擇。比如，如果你總忍不住在工作時滑手機，就把手機放得遠一點，這樣可以控制滑手機的欲望，就這麼簡單。

▣ 深植

你是否有過這樣的經歷：每天走固定的路線上班，不用刻意記住怎麼走，就能到達目的地。研究顯示：人類的大腦渴望高效運轉，如果你反覆看到、聽到或聞到某種東西（哪怕你並未意識到），大腦也會存儲相關資訊，讓你無須思考便可迅速認出它、檢索它。

比如早起。我每天四點多起床，有網友質疑我怎麼能起得這麼早。實際上一開始早起的時候真的很痛苦，需要鬧鐘叫醒。但是堅持一段時間後，只要時間一到，自然而然的就醒了，不需要鬧鐘叫醒，也不覺得痛苦。

這就是深植的力量，如果你反覆的做某件事，把這件事變成習慣銘刻到大腦裡，你就更容易堅持做下去。

▣ 迷人的魅力

如果人們做某件事得到了獎勵，就會繼續做下去。能激勵人做一次某件事的獎勵是普通獎勵，能讓人克制不住的堅持做某件事的獎勵是極具吸引力的獎勵。

你該怎樣把一件事情變得有吸引力，讓自己不停的做下去呢？比較實用的方法是將其「遊戲化」。我們知道，很多遊戲透過獎勵給玩家積分、徽章和金錢讓這款遊戲變得有吸引力。你可以在堅持做某件事的過程中有意識的給自己設定獎勵，在「做正確的事」和「獲得獎勵」之間建立關聯。

想一想，什麼獎勵能讓你持續的做某件事？是物質獎勵、他人認同？是成就感、價值感？還是自我提升？抑或是其他？找到了激勵的錨點，也就找到了堅持下去的理由。

學習只是一個過程，學到東西才是結果。**只有可交換的結果，才是有價值的**。對於結果的追求程度不同，人生價值自然不同。

刻意學，一年頂十年經典語錄

學習只是一個過程，學到東西才是結果。只有可交換的結果，才是有價值的。

第二章

這世界沒人在乎你的努力，只在乎你努力的成效

01 工作沒成果的人，都有這四個壞習慣

「再苦再累都不能倒下，因為身後有太多人需要照顧。」這是來訪者老楊在工作室對我說得最多的一句話。

老楊是一家私營企業的職業經理人，他跟了一個老闆十二年。第十年的時候，老闆提拔他做了分公司總經理。但在我的工作室，老楊卻滿臉無奈的說：「這回，必須得辭職了！」

我並不感到意外，「辭職」這個話題，老楊絮絮叨叨的說過很多次，一直是「雷聲大雨點小」，沒有下一步行動，但這次不同。春節過後，老闆已經停止支付老楊的薪水，明擺著，攆人呢！

十二年前，二十八歲的老楊追隨老闆打天下。他很珍惜這個工作機會，希望透過努力讓家人過好日子。老楊學歷和能力都一般，最大的優點就是人很踏實，足夠努力。天分不夠，努力來湊，老闆很信任這個上進好青年。

老闆有背景有資源，行事果決，公司發展迅速，很快從小工廠做成了大公司，再後來做成了集團企業。隨著企業的發展，老楊也一步一步從普通員工變成部門經理、副總經理、分公司總經理。

十二年職場風雨，普通員工小楊變成公司高階主管老楊，看起來這就是一部逆襲的勵志劇。但是，隨著職位越升越高，老楊開始感到力不從心。無論他怎麼努力，工作效率都很一般，工作成果都不大。特別是當了分公司總經理後，獨自分管一攤，壓力大得透不過氣來。

老闆分派了一個新專案給分公司，老楊帶領團隊沒日沒夜的做了兩年，終於把本金虧光了。是的，沒錯，不但沒有任何收益，還虧光了本金，於是出現了開篇的那一幕——老闆逼老楊走人！

談到動情處，老楊眼眶紅了：「我覺得自己挺沒本事的，拚命加班，卻做不出業績，拿不到績效獎金，每個月憑四萬元死薪水養家。父親腦中風常年臥床，母親年紀大護理起來很吃力，我連請看護工的錢都拿不出來。」

我幫老楊分析，你工作足夠努力，之所以做不出業績成果，是因為你在很多事情上走了彎路。**沒有成果的努力，都是瞎忙！**

努力要有結果產出

和一個客戶交流，他把「努力」這件事說得很透。他說：「很多人之所以成不了事，不是因為不夠努力，而是因為做事沒有章法，總是抓不到重點。他們總是被自己努力的過程感動，而忽視了真正有價值的努力是要有結果產出的。」

為什麼有些人做事總是有板有眼，有些人做事總是沒有章法，做不出成果呢？我總結了一下經手的生涯諮詢個案發現，工作沒有成果的人，都有這四個壞習慣：

▣ 沒有確定好任務優先順序

每項工作任務的價值是不同的，很多無序和混亂都是因為沒有確定好任務的優先順序。以老楊為例。從普通員工到分公司總經理，一路走來，十分不易，所以對於老闆分配的工作任務，他總是表現得用力過猛。他希望能夠馬上去做老闆安排的所有的事，甚至老闆隨意說出的一句話，他都要揣摩半天：怎樣才能領會老闆的意圖，把事情做得更好？

管理者要明確哪些工作是至關重要，是首先要做好的，是撬動業績的核心任務，然後把資源向這些任務傾斜。在面對問題時，我們要回到事情的本質，**資源永遠是稀缺的，不是什麼事都值得去做，要用最寶貴的資源去解決最關鍵的任務**。

▣ 不擅長多工管理

多工管理要求在同一時段執行多項任務，並且能在不同工作之間快速切換注意力。很多人都有這樣的感覺：同時進行多個工作任務時，越忙越亂，越亂越忙，顧此失彼。

老楊就陷入了這種怪圈。隨著職位的晉升，他管的事也越來越多，很多工作任務需要同時並行。他做著A專案，想著B專案，B專案還沒做完，又要看C專案的進展。他超時加班，忙裡忙外後發現，很多工作都虎頭蛇尾，沒有一個好結果，甚至連結果都沒有。

心理學研究顯示，當人們把注意力從一項任務轉移到另一項任務時，他們的部分意識會仍舊停留在上一項任務上。每次當你把注意力切換回來時，都會提醒自己當初正在做的事情，與此同時對新任務的微弱干擾產生抵觸情緒，這樣就增大了你的認知負擔。所以，越是任務繁多，越不能蠻幹。

▣ 把重要的工作延後

重要的工作往往難度較大。所以，畏難情緒導致人們總是想方設法拖延。老楊每天寫任務清單，他習慣先完成比較容易完成的任務，完成後打「√」。每天看著清單上八〇%的工作都打「√」，他很有成就感，但其實最重要的那件事，他卻一直在拖延。

那些八〇%都打了「√」的工作任務，並沒有為他帶來重大的業績成果，而那件最重要最該做的事情，往往拖著拖著，就沒了結果。

■ 在細節上糾纏

注重細節是好事，但管理好對「完美」的預期才是正經事。老楊以前在工廠掌控生產流程，非常關注細節，做了高階主管後，他仍然緊盯細節，「抓小放大」。這種行事風格，導致他把大量的時間浪費在細節上，前瞻性明顯不夠，員工們也不服氣。老楊很委屈，覺得自己努力工作多年，卻沒有一個好的結果。他不知道，真正的努力，都是需要方法論支撐的。而這種方法論的價值就在於，你的努力是自我滿足還是卓有成效！

糾纏細節的人，通常都有完美主義傾向。他們對工作的確很投入，願意把活兒打磨得更好。但正因為如此，他們往往會在某些項目上花費太多時間，而忽視了其他工作的推進。特別是在多工管理中，糾纏細節會影響整體工作進度。

人生很短，但別活得太著急

工業工程學中有一個ＥＣＲＳ分析法，它主要用於對生產工序進行最佳化，以減少不必要的工序，達到更高的生產效率。這個方法不只適用於生產工序的最佳化，也適用於改善我們的工作方法。簡單來說，當我們想要改善一項工作時，可以有四種方法：**排除**（Eliminate）、**合併**（Combine）、**調整順序**（Rearrange）、**簡化**（Simplify）。怎樣理解這四種方法呢?下面用例子來解釋：

我有個朋友老K，早年做財務出身，前幾年他辭職創業，開了一家諮詢公司。我們來看看老K是如何在工作中應用ECRS分析法的。

▣ 排除

公司成立初期，老K凡事親力親為。隨著業務量增加，他開始力不從心。他重新梳理自己的工作內容，砍掉了很多不重要的「細枝末節」。以招募為例，以前老K親自披掛上陣，面試每一個員工。現在，只有部門經理級的複試，他會把關，其他的事情都是交給人力資源部全權負責。

實際上，排除法是四種方法中最重要的一種。當接到工作任務時，不是馬上執行，而是考慮有沒有可以排除掉的步驟和環節，排除這些步驟和環節會不會影響整體工作成果。如果這個步驟或環節的排除，並不影響整體工作成果，說明它是你工作中冗餘的任務，把它排除掉有利於節約資源，提升效率。

▣ 合併

老K剛創業時，專案是一個一個接的，有時還連續不上，現在隨著業務量的猛增，他經常要同時並行多個專案。為了提高效率，他經常會把同一行業的專案歸類處理，這其實就是合併的技巧。

合併的重點是把同一類型的工作集中處理，因為這類型的工作有重複和交叉的地方，透過對這些地方進行整合，可以幫助我們節省時間，提高效率。

▣ 重組

老K做諮詢，經常要給客戶企業出具專案諮詢建議書。以前老K都是用「演繹推理」，也就是從一般性的前提出發，透過推導，即「演繹」，得出專案結論的過程。老K發現，有些客戶面對前面大段的推理，表現得極不耐煩，所以他重新調整了彙報順序。

建議書沒變，只是彙報時，他將結論前置，然後再一一進行推導，這種方法受到了客戶的普遍歡迎，這就是重組。重組就是改變工序程序，使作業的先後順序重新組合。

▣ 簡化

老K有個同學，大企業出身，建議老K採用歐美企業的管理流程和方法，對企業實行規範化管理。老K研究發現，大企業的方法的確不錯，但過於繁瑣，不適合像他這樣的小企業。他認為，小企業重要的是「小而精，小而美」。他帶領團隊費了不少心思，對組織架構和工作的流程進行了簡化處理。所以，過多的糾纏細節反倒會讓工作變得複雜和無序。

很多人都在追求工作中一些表象的東西，以前我在朋友圈裡曾經看到有人的個人化簽名檔是：努力到無能為力，拚搏到感動自己。當然，努力和拚搏很重要，但如果總是追求這些淺層次的東西，你就很容易忽略真正重要的東西——讓你的努力和拚搏卓有成效。

當你忽視真相時，你的人生節奏也就亂了。**人生很短，但別活得太著急，不要讓你的忙碌，毫無目標和遠見。**

> **刻意學，一年頂十年經典語錄**
>
> 工作沒有成果的人，都有的四個壞習慣：沒有確定好任務優先順序、不擅長多工管理、把重要的工作延後、在細節上糾纏。

02 我們之所以活得累，是被互惠原則拖累

很多人都會遇到這樣的情況：剛剛進入新公司，肯定有一段適應的過程，在這個過程中，往往會被一些老員工差遣做這做那。我們以為自己會做出明智的決策，會拒絕老員工不合理的請求，但實際上我們的大腦總是在不知不覺中聽從了對方的安排。

受人恩惠，總會感覺低人一等

二十六歲那年，高天新從一家小公司跳槽進入一家大公司。如果不是有個好舅舅，以他的實力恐怕這輩子都沒有機會進入那樣的大公司。高天新給自己定的目標是盡快適應環境，融入團隊，因此要跟所有人都相處融洽。他甚至一度覺得自己有種春風化雨的能力，見到誰都點頭微笑。

但「關係戶」的身分被曝光後，他馬上遭到了同事們的質疑和排擠。有次臨時接到投標任務，緊急製作標書，高天新負責標書中的一部分。中途主管交代一位同事，這個

標不投了，通知大家先不用做標書。其他人都接到了通知，但唯獨高天新沒有。

他們，似乎就等著看他這個關係戶的笑話。他笨拙的學習著這家大企業的規章制度和工作流程，慌亂的接聽著業務諮詢電話。面對業務嫻熟的同事們，高天新產生了巨大的挫敗感和孤獨感。

一個善良的同事齊軒主動親近高天新。他經常扔給高天新一包茶或者一袋咖啡，然後拍拍他的肩膀說：「來，兄弟，提提神。」有時，他也會在茶水間主動向高天新講起公司盤根錯節的人際關係網。

有一次，和別的部門配合一個專案，有一處工作失誤，那個部門的同事欺負高天新是新人，想甩鍋給他，齊軒馬上站出來打圓場。他稱高天新為「我們部門的小兄弟」。這個稱呼，讓高天新感動得差點落淚，也讓他打心眼兒裡認同齊軒這個人。來而不往非禮也，齊軒主動向高天新示好，因此對於齊軒的要求，高天新從來不會拒絕。

一開始，齊軒偶爾會請高天新幫忙訂個機票，列印個檔案，後來經常把自己的工作分出一塊給高天新做。有幾次齊軒需要加班，他甚至拉著高天新一起。高天新不得不投入更多的精力去做本不屬於自己的工作。他想拒絕，但是一想到齊軒對自己的幫助，就開不了口。

同事們背地裡說他是齊軒的小跟班，一想到這些，他的工作熱情就快被消磨殆盡，更加孤獨。

心理學研究顯示，人之所以會為了回報他人而做出違背本意的決策，實際上是「互惠」心理在作怪。互惠是指在社會交換過程中，一方為另一方提供幫助或給予某種資源時，後者有義務回報給予自己幫助的人。

這就很好的解釋了團隊成員之間態度和行為的互相影響。比如，人們會下意識的覺得，如果接受了老員工的差遣，他們會回饋更多的工作便利；如果別人給了我們好處，我們也要以另外一種好處來報答他才對。

美國亞利桑那州立大學（Arizona State University，簡稱ＡＳＵ）心理學系教授羅伯特．席爾迪尼（Robert B. Cialdini）博士表示，「『互惠』是非常普遍的人類心理，它廣泛的存在於各式各樣的人類社會裡，它能幫助這些社會維持平穩正常的運轉」。

互惠原理，讓人在不知不覺中受擺布

互惠心理是人類社會發展的基礎。在社會心理學中，社會交換理論是一個解釋人與人之間關係品質變化和發展的重要理論，而人與人在交換過程中遵循的互惠原則是社會交換持續產生的重要前提。

所以，互惠思維已經內化到人類的日常思維之中。人們會不自覺的答應別人的請求，希望他能為自己提供便利，也不太容易拒絕給過自己小恩小惠的人的請求。這也就很好的解釋了為什麼很多時候，有些事人們明明不願意做，卻總是在不斷的妥協與退讓。

有一年，我和一位男同事一起拜訪客戶。客戶所在的辦公大樓地處繁華的商店街，出了辦公大樓，遇見一個小女孩，她硬塞給我一枝玫瑰花，然後對我同事說：「哥哥，小姐姐很漂亮，這支玫瑰花送給她！」

之後她會介紹自己家庭困難，希望我同事能為她捐助五十元。儘管我對她那枯萎的玫瑰花不感興趣，我也知道這種送花的把戲可能是個騙局。但是，當我內心覺得自己收到了一件禮物，就不可避免的認為自己欠了她的人情，所以，我們還是掏了五十元給她。一枝枯萎的玫瑰花，送給兩個不是情侶的人，都可以讓人乖乖掏錢，這其實就是「互惠」的影響力。

我們接受了別人的好意，就會忍不住想要回報，而這種回報放在各種場景中，有時會以妥協、退讓的方式呈現。例如在職場，不少老油條同事就深諳此道。他們總是先給新人一些小恩小惠做鋪陳，然後再要求新人做這做那，這些「恩惠」對人施加的壓力，往往影響著人們的決策。

有些人連小恩小惠都省了，他會先向你提出一個大的工作要求，比如，他會對你說：「幫我把某項工作做了。」你拒絕了他，然後他再提出一個小要求：「那幫我把這份檔案列印出來吧！」你一想，我剛拒絕過他，再拒絕一次不好，於是就乖乖聽話幫人家列印了一份檔案。

實際上，這個大要求不過是為了實現那個小要求使的障眼法而已。人們希望透過「互惠」成就彼此，但是放任它做出機械反應，就很可能變成人的弱點，使人更容易被他人擺布，從而影響人們的正確決策。如果遇到這種情況，那你就需要積極應對了。

你不需要滿足所有人

進入一個新的環境，我們應該冷靜的看待別人的善意，不要因為別人的些許善意，就對他們的所有要求都積極回應。鐵娘子柴契爾夫人（MargaretThatcher）曾經毫不客氣的說：「**如果你的出發點就是討人喜歡，你就得準備在任何時候、在任何事情上妥協，而你將一事無成。**」

你會為了所謂的「互惠」，把剛發的薪水借給別人，而自己過得捉襟見肘；你會為了討人喜歡，幫別人承擔本屬於他的工作，而自己累得黯然失神……你以為這樣的恩惠，會讓別人記得你的好，你投之以桃，他報你以李。但後來卻發現，別人不僅不會記得你的好，反而經常忽略你。

我們之所以活得太累，是因為大家都很假。怎樣才能從「互惠」的怪圈中跳出來呢？

你可以嘗試下面這三個方法：

■ 問題替換

面對別人的請求，把大腦裡不斷冒出來的想法——「他曾經幫過我，我也要回報他」替換成三個問題：我是否願意做這件事？對方是否對我很重要？我是否願意滿足重要的人的請求？

這三個問題能讓你聽到自己內心真實的聲音，你大腦中那些刻板的要求就被軟化了。它能夠提醒你：我不需要滿足所有人。

■ 延遲回應

有些人臉皮薄，不好意思直接拒絕別人的請求，這時候延遲回應是一個非常好的方法。不主動、不拒絕、不答應。這種延遲策略，實際上等於委婉拒絕。對方就算當時沒看出來，拖延一段時間後，也會明白你的用意。

▣ 自我認同

當別人來尋求幫助時，很多人傾向於一口答應，因為這往往能提升個人的自我認同感。不要把自我認同的權力拱手讓給別人。人們可以透過設定明確的人生目標，在實踐目標的過程中體驗自我的價值和社會的認同，並由此理智的看待自己。

職場就是一個名利場，它映射出「有為才有位」的價值觀。關鍵的成長路徑是你的真才實幹，誰也不願意與無能之輩為伍，**你的職場地位需要實力作支撐**。

不要用所謂的「互惠」，去複製一個任人擺布的你。這個時代的人際關係，多是以利益和目標驅動，遇到「相見有清歡」的人並不容易。了解了這一點，你就知道，你要做的最緊要的事不是討好別人，而是盡快熟悉業務，打磨自己的一技之長。

刻意學，一年頂十年經典語錄

職場是一個名利場，你的職場地位需要實力作支撐。

03 走太慢，會被淘汰；走太快，沒人跟隨

以色列有一家叫 Better Place 的公司，它有一千八百個服務站，主要為擁有電動汽車的使用者提供更換電池服務。

電動汽車有一個缺點，就是充電時間比燃油汽車加滿油用的時間長很多。所以，Better Place 公司提出了一個極具顛覆性的創新方案：置換電池。

車主將車開進服務站後，只需幾分鐘，就能將舊電池取下，換上新電池。公司希望透過這個創新的措施，讓有環保意識的人都能夠更換電動汽車。可惜的是，儘管前期做了大量的宣傳，但不少汽車買家仍然不願意做出改變。Better Place 公司售出的電動車數量無法保證公司的有效運轉，開業六年後，公司被迫申請破產。

用對的創意吸引對的受眾

實際上，我們的生活也充斥著這樣的矛盾：走得太超前，沒人跟隨，但是因循守舊沉

溺於舒適區，又會在競爭激烈的時代中被淘汰。

苗彤是某裝修公司的設計師，五年前畢業於一所普通院校的非設計類專科。她比較幸運，畢業後被同學推薦到親戚開的裝修公司，一做就是五年。

一開始苗彤做的是辦公室行政職工作，半年後苗彤覺得辦公室工作比較瑣碎，技術含量不高，就跟同學提出能不能跟老闆提，將自己轉調到設計部門，先從輔助性工作做起。老闆爽快的給苗彤轉了部門，她來到設計部擔任設計師的助理。苗彤的目標是：盡快適應新職位，多學習專業知識，有朝一日向設計師的職位衝刺。

她一方面報名學習室內設計課程，一方面在助理的職位中積累經驗。由於是老闆親屬的同學，所以設計師們對她很友善，她進步很快。兩年半後，苗彤轉職為設計師。這本是一個讓人驚喜的結果。但是，在設計師職位工作兩年後，即苗彤入職的第五年，她竟然因為「創造力太強」被辭退了。

苗彤認為自己非科班出身，能做到設計師很不容易，所以在工作中總是積極求變，她覺得創意、創新是設計的靈魂。這話沒錯，但是表現在苗彤身上，總有點「用力過猛」的味道。工作上發生了三件事，讓苗彤最終栽在了創新之路上。

有一次做室內設計，客戶是年輕的小倆口，他們買了間房子給女方父母養老，希望裝修風格能簡約、低調奢華、有內涵，最重要的是還要省錢。

苗彤想起香奈兒經典的黑白搭，這其實是極簡與奢華的最佳表達。設計圖出來那天，小倆口和兩老都來了。看著苗彤設計的黑白主色調，兩老氣得大罵：「把一個好好的新房弄成了靈堂！」看到岳父、岳母發火，女婿面子掛不住，就把火氣發到苗彤身上。那次，苗彤栽了個大跟斗。

還有一次，客戶想要歐式裝修風格，囑咐苗彤：「一些細節上的設計可以多一點創意。」苗彤給客戶設計了一個裝飾性的壁爐，實際上壁爐裡可以放保險櫃。但客戶並不買帳，他們覺得房子本來就小，壁爐浪費空間不說，家裡買房裝修欠了一身債，靠借貸度日，還設計個放保險櫃的壁爐，太不實用了。

溝通時，雙方火氣都有點大，最後客戶狠狠的投訴了苗彤。老闆警告苗彤，有創意是好事，但妳的創意要能讓客戶滿意，而不是妳自己滿意。苗彤頭點得像雞啄米，小心應承著。

後來，公司接了一個公共場所設施的裝修工程，效果圖出來後要去客戶那做彙報。由於苗彤外形靚麗，口齒伶俐，老闆選她做彙報人。簡報早已備好，苗彤只需要按文稿彙報就可以了。但為了給甲方留下深刻的印象，苗彤在彙報形式上做了「創新」，她提前收集大量專案路演（按：指透過現場演示的方法，引起目標人群的關注，使他們產生興趣，最終達成銷售）的資料，並在家裡反覆模擬演練。

然而，正式彙報那天，這種帶著商業路演味道的專案彙報，引起了甲方的極度不適。彙報結束後，他們暗示老闆：在他們這樣的公家單位彙報，中規中矩點最好。老闆告訴苗彤，在有些場合，守正即可，無須創新。

苗彤的創新過了火，差點惹了大禍。綜合她擔任設計師之後的表現，老闆認為她不適合、也不能勝任這個職位，於是做出了辭退她的決定。儘管各項補償一分不少，老闆的態度也委婉，但苗彤仍然覺得很委屈，同時也感覺到害怕。離開工作五年的地方，她不知道下一步該走向何方。一直以來，她認為創造力是設計師的強大競爭力，卻沒有注意到創造力背後的社會環境。

創造力只是成功的一半，成功的另一半取決於你創造出來的東西所處的社會環境。僅有創造力是不夠的，它還需要與社會產生共鳴。

我的老家在東北，這裡有一種獨具特色的地方曲種（按：音樂類型）：東北二人轉。二人轉距今約三百年的歷史，它根植於東北民間文化，透過邊走邊唱邊舞，表現一段故事，唱詞詼諧幽默。相較之下，同時期的芭蕾舞則根植於歐洲宮廷，在法國路易十四王朝（一六四三年至一七一五年）時代盛極一時。每當皇家慶典、接見外國元首時，都會表演芭蕾舞以示慶祝。

但是，二人轉的詼諧幽默是不可能出現在優雅高冷的芭蕾舞表演中的。為什麼？因為人們的創造力可以無限延展，但是創造力及其產物還要由地域背景來塑造。

畢卡索年輕時曾經貧困潦倒，有一次，有人請他到巴賽隆納的紅燈區給幾名風塵女子畫像。畫的長寬都在兩公尺多，對於當時的畢卡索來說，算是一份大有賺頭的工作。據說這幅畫僅草稿就打了七百次之多，構思靈感來源於伊比利亞雕塑和非洲面具。當畢卡索邀請朋友來看這幅畫時，大家對他的畫作特別失望。

九年後，這幅畫才被公開展出。為了減輕對公眾的衝擊，策展人將原來的標題《亞維農妓院》改為《亞維農的少女》。《亞維農的少女》展出後，輿論褒貶不一，有人甚至嘲諷畢卡索「向良知宣戰」。

隨著時代的發展，人們開始接受這幅畫作。《亞維農的少女》後來被認為是畢卡索走向立體主義的第一步，不僅是他個人的藝術突破，更是西方現代藝術史上的一次突破。這幅畫目前藏於紐約現代藝術博物館（Museum of Modern Art，簡稱ＭｏＭＡ）。

畢卡索的故事結局圓滿，但並不是所有人都這麼幸運。由於時代的發展，人們的文化品味一直在不斷的變化，而你的創造力既要跟得上時代，又不能太超脫於時代。

走得太慢，會被淘汰；走得太快，沒人跟隨。

先驅和先烈只在一線間

由於在特定情況下，創造力太強可能會脫離現實，造成負面影響。所以，我們可以透過以下三種方式避免創造力肆意發揮，正確的用好創造力。

◙ 要與文化產生共鳴

美國著名腦科學家大衛・伊格曼（David Eagleman）曾經分享過這樣一個故事：作曲家利蓋蒂・捷爾吉（Ligeti György Sándor）於一九六二年受邀為荷蘭（按：二〇二〇年元旦起正名為「尼德蘭」）城市希爾弗瑟姆（Hilversum）創作一支新曲，以慶祝該城市立市四百週年。

利蓋蒂打破常規，創造性的使用一百臺節拍器演奏曲子。所有節拍器都設定了相同的擺動次數，但是擺動速度卻都不一樣。也就是說，從頭到尾，聽眾們聽到的都是節拍器發出的嘈雜的喀嗒喀嗒聲。演出結束後，臺下爆發出叫罵聲，聽眾被激怒了，他們有一種被愚弄的感覺。音樂會被下令禁止在電視上播出。

一座有著悠遠歷史的歐洲城市，一次隆重的立市慶典，它需要的是深沉厚重，而不是過度的施展創造力。創造力如果與文化背景悖逆，遭到咒罵與討伐是不可避免的。就像前文中提到的苗彤，她用黑白搭的創意做室內設計並沒有錯，但她忽略了客戶是傳統觀念極深的老人家。

所以，**不要和文化背景開玩笑，也許你想做創意的「先驅」，但尺度沒把握好，就成了創意的「先烈」**。

▣ 在正確的人群中分享

苗彤把向甲方做的彙報搞得像商業路演，引起甲方不適。為什麼甲方無法接受這種彙報形式呢？因為對於甲方這種公家單位來說，苗彤的創造力放錯了地方。創造力的延展，要考慮你的受眾是誰。**不要與錯誤的人群分享你過剩的創造力**。

▣ 創造力要有實用性

苗彤為負債累累的小戶型客戶，設計可以放保險櫃的裝飾性壁爐，遭到了客戶的嘲諷。這讓我想起多年前，在一家門市訂製的上班套裝。設計師大膽的採用了提花布料，領口和衣襟設計成小波浪形，並用薰衣草色的綢緞包邊，整體看來非常精緻。但是這套衣服太緊，無法邁開步伐大步走。

設計師說，穿著它站起來時身材筆直。是的，設計師說的很對，但是在我一天的工作中，不只是站著這一個動作，我還要開車，還要上樓下樓，而它緊到無法俐落的做出上述的動作。對於與人們工作、生活息息相關的東西，創造力一定要向實用性低頭。如果你想把一樣東西商品化，不僅要抱著創造性、藝術性和美感去設計它，更要注重實用性。

創造力強並不能取代你的技術和實力，創造力強也無法預先為你寫好職場必勝的腳本。驚喜和驚嚇，哪個先來，沒人知道。但你可以靠正確的使用創造力推進職業發展的節奏。不管你想表達的內容是什麼，謹記創造力的誤區，避免創造力肆意發揮。

刻意學，一年頂十年經典語錄

先驅和先烈只在一線間，所以，不要和文化背景開玩笑，也不要與錯誤的人群分享你過剩的創造力，還有不要違背實用性。

04 對不起，我把工作搞砸了

不管你喜不喜歡，我們每天都在重複著兩件事：一是不斷製造麻煩；二是想辦法解決麻煩。

工作以後，我們需要解決的麻煩事更多。例如：團隊中，大家的想法各不相同，很難達成共識，沒辦法緊密協作；跳槽進入新公司，老闆要你負責一個專案，而你對團隊還不熟悉；上一個專案進展得不順利，老闆又派來了新任務……。

面對這些問題時，很多人會很慌亂。他們覺得事情像一團亂麻，不知道從何處著手，於是被恐懼焦躁的情緒牽著鼻子走，結果把事情搞砸。

但是，總有那麼一部分聰明的人，同樣的工作量，同樣的複雜程度，他們思路清晰，解決方案行之有效，最終把事情搞定。

從「搞砸」事情到「搞定」事情，這裡面最根本的差別就是「完成力」，也就是解決複雜問題，完成一件事情的能力。

人生總會有一兩件事搞砸

蘇曉彤是一家教育機構的人力資源部經理，她曾有過一段沮喪的工作經歷。那時，由於公司企劃部經理休產假，老闆需要找一個部門經理代她履行休假期間的職責。

這件事在很多同事眼裡就是一個燙手山芋。因為公司剛接了幾個新專案，企劃部正在緊鑼密鼓的制定整體行銷策劃方案。一旦接手這個工作，就意味著要從原本已經很緊張的工作中，抽出寶貴的時間投入到企劃部的工作部署中，而且每走一步都會有專案組盯著。

最重要的是，這件事就算做好了，業績是算在別人頭上，做不好，後果自己承擔。所以，沒人願意出這個風頭。

有一天，老闆找蘇曉彤談話，他誠懇的問道：「妳願不願意接下這個擔子？」蘇曉彤的腦子飛快的轉著，她想起同事們私下說的：「做好本職工作，別沒事找事做。」老闆見她沒吭聲，又說：「這件事確實有難度，妳好好考慮一下吧！」臨危受命，蘇曉彤責任感油然而生。她覺得作為中階幹部，首要責任就是替老闆分憂，把可能搞砸的事情變成能解決的問題！想到這裡，她腦門子一熱，接下這項工作！

蘇曉彤堅定的認為，不管怎樣，只要自己足夠努力、用心，總會有點成果。

故事講到這裡，你認為蘇曉彤一定會取得一些成績，實現人生的逆襲嗎？抱歉，讓你失望了，她沒有取得巨大的成功，而是獲得了巨大的失敗。是的，她把事情，搞砸了！

那一場展覽活動，包含物料、場地、展品運輸費、差旅費及前期布展的各項投入，成本近二十萬元，而蘇曉彤帶領的團隊，僅做出幾萬元的業績。蘇曉彤很感激老闆把工作交給自己，即使眼睜睜的看著她把工作搞砸，還能心平氣和，不加苛責，這是胸襟！但她仍然會被當作失敗案例，在各種檢討大會中頻繁出現，這讓她非常沮喪。

回顧我們的職業生涯，每個人都有搞砸事情時，且何止一兩件。但正是在這些事情中，我們不斷的經歷摔打和磨礪，看到更豐富的世界，看到我們的人生還有很多可能。

是的，我們搞砸了事情，但沒有搞砸人生。不過，不管怎樣，搞砸了工作，終歸不是一件好事。搞定工作，才是我們應該追求的目標。

是什麼阻礙我們完成一件事

人類天生就有自我完善的追求，所以我們大多數人都渴望成長。我們以為只要直接面對困難，付出常人難以企及的努力，勇於做自己就能成功。但是在真正面對困難時，還是會遇到很多問題。

特別是隨著行動互聯網的發展，我們所感知的世界已經不再局限於身邊熟悉的一切。太多陌生的事物進入我們的視野，甚至，我們要不斷的和陌生人合作。

這種明顯的差異，讓我們在**執行複雜任務時，經常會遇到三大困境：凝聚力困境、缺乏掌控感和結存變數的干擾**。如果能把它們識破，搞定一件事情並沒有那麼難。

▣ 凝聚力困境

美國社會心理學家費斯汀格（Leon Festinger）認為，「凝聚力是使團體成員停留在團體內的合力，也就是一種人際吸引力」。人們在執行複雜任務時，經常遇到「人心散了，隊伍不好帶」的凝聚力困境。簡單來說就是團隊成員之間各持己見，沒辦法緊密協同工作。這種情況，很多職場人都遇到過。

例如，蘇曉彤剛到企劃部時明顯的感覺到，論單兵作戰，大家都挺優秀，但就是凝聚力差，各有各的算盤，人心特別散。

在她代職企劃部經理的那段時間裡，大大小小的困境遇到了不少，最大的一次就是前面說到的展覽會事件。這裡面的確有她工作能力方面的原因。但不可忽視的是，企劃部上下級之間及平級之間默契度太低。在一個默契度低的團隊裡，要達成一項共識，往往要花費更多的時間。

◘ 缺乏掌控感

這裡所說的掌控感，不是指控制另一個人的欲望，而是一種讓工作、生活處於有序的狀態的能力。缺乏掌控感所引發的失控會導致焦慮和不安的情緒。

很多人特別容易在跳槽、轉職或晉升時感到焦躁。因為他們總覺得面對的很多問題是自己力所不能及的，事情總是處在失控的邊緣。

蘇曉彤剛到企劃部時，第一個感覺就是如此。因為她面對的是新領域、新問題、新團隊、新挑戰。所以，她常感覺那些複雜的問題，已超出了她的能力範圍，這讓她焦躁不堪。實際上，很多問題並沒有她想像的那麼難，只是她沒有找到突破點，誤以為它很難。

◘ 結存變數的干擾

結存變數的干擾是我們在工作中經常會遇到的困境。也就是指你在上一次任務中積累的各種存量，比如，情緒體驗、工作經驗，它們可能會干擾你下一步的工作。舉例來說：

你昨天拚命趕工，完成了一項很了不起的工作任務，你感覺特別開心。今天工作的時候，一想起昨天的成果，你就不由自主的放慢了腳步，你安慰自己說：「昨天做了那麼多，今天可以少做點。」你看，這就是情緒體驗帶來的結存變數干擾。

又或者，你在一家外資企業工作，業績不錯，後來有一家規模不錯、發展前景看好的民間企業向你拋出了橄欖枝，你可以獲得更多的薪水和更高的職位。你跳槽過去，並把外資企業的經驗遷移到民間企業。然後你發現，以前在外資企業比較好用的套路，在民間企業玩不開，這就是工作經驗帶來的結存變數干擾。

我們覺得一項工作很難，通常有兩種情況。一是工作確實挺難，例如，我是一個文科生，你要我去研究無人駕駛，就超出我的能力範圍，也超出我現有的技能水準；二是工作複雜，涉及的變數太多，像一團亂麻，例如時間長、跨部門、客戶變化無常等。而我們的日常工作，大都屬於後者。那些完成力高的人，往往是擅長梳理「亂麻」的人。他們總能從一堆變數中，找到一個突破點，將複雜問題快速拆解成能解決的問題。

完成力是可以培養的

能否搞定一項工作，關鍵在於「完成力」。如果你不想搞砸兩次，來看看關於「完成力」必須要知道的事。

▣ 三觀契合，行動一致

三觀（按：指人生觀、世界觀、價值觀）契合並非要求三觀完全一致，而是指意氣相投。有分歧時，能夠求同存異，行動一致。複雜的工作任務往往需要團隊協作才能完成，所以，與三觀契合的人合作很重要。

通常，在一個團隊中，支持者占少數，「豬隊友」也占少數，中間派占多數。你需要做的是：首先與支持者形成聯盟；其次拉攏中間派；最後正向影響豬隊友。總之，讓團隊中的多數人達成共識，形成合作的氛圍。

▣ 找到離你最近的威脅

人在做任何事情時都會花費注意力。也就是說注意力是人集中於某種事物的能力。同一時間段，你專注在某一件事時，在另一件事上就會關注的較少。所以，把你的注意力放在你的可控範圍內，看看這個範圍裡，離你最近的威脅是什麼，然後，把它解決掉。這個原則能夠幫你增強掌控感，對抗失控感。

蘇曉彤剛代職企劃部經理時，總感覺自己的專業知識不夠，所以拚命惡補，但這並不是離她最近的威脅，離她最近的威脅是人，總有那麼幾個「挑事兒」的想看她的笑話。而展覽會之所以會失敗，也與專業知識無關，而是沒把合適的人放在對的位置上。

「找到離你最近的威脅」，實際上是讓你在一團亂麻中捋出一個頭來，這樣你就能找到解決問題的突破點。

▣ 清空結存變數

清空結存變數是指複雜工作任務的鏈條都比較長，你可能會取得很多階段性的成果，但是，當你進入新的工作階段時，一定要把之前積累的情緒體驗、經驗等清空，避免它們對後續工作造成干擾。

其實，我們的工作不過是由簡單原則構成的複雜綜合體。前面介紹的完成力培養方法，也都是人們非常熟悉的基本方法。但是當這些方法被有計畫的貫徹到複雜工作任務中的每一步時，它們的能量就被放大了。

如果你能夠在工作中不斷的拆解複雜問題、搞定複雜問題，你就更容易享受到工作的樂趣。畢竟，**工作是為了享受人生，而不是為了忍受人生！**

刻意學，一年頂十年經典語錄

能否搞定一項工作，關鍵在於「完成力」。如果你不想搞砸兩次，你得讓團隊多數人達成共識，形成合作氛圍。

05 成功不能複製，但方法能應用

京東（按：中國自營式電商企業）有個快遞員叫黃少波，在二〇一九年二月二十一日到三月二十日一個月，他的總攬件數是十三萬件，攬件提成近三十四萬元。

黃少波入職京東已經五年，二〇一八年的平均月收入是三萬六千元。在京東開放快遞攬收（按：指快遞員接到投寄需求後，上門收取需要投寄的郵件）業務之後，他轉型做攬收。

快遞這個行業門檻低，從業人員素質有高有低。但只要肯吃苦，月入過四萬元早已不是什麼新鮮事，不過像黃少波這樣月入三十四萬元的人簡直是鳳毛麟角。儘管他不是每個月都有三十四萬元收入，但他的成績著實讓很多人望塵莫及。

這個時代，不缺乏像京東創辦人劉強東一類的大佬，但大佬們的成功有時代的機緣、有努力的成分、有造化賦予的幾分好運氣，他們的成功極具個性，難以複製。而像黃少波這樣的普通人，他能成事，從一眾快遞員中脫穎而出實現逆襲，這裡面一定有可以供普通人參考的人生規律。

機會藏在細節裡

寫這篇文章時，我想起一句話：換個戰場你就是贏家。的確如此，對於學歷一般、資質普通的黃少波而言，他的逆襲機會，都藏在那些別人看不上的細節裡。

有記者特地採訪黃少波。在採訪中，他坦言：「很多人送快遞給公司行號都是直接送到櫃檯，我每次都把老闆的個人件直接送過去，時間一長就和老闆熟了起來。」

後來，京東開放快遞攬收業務，黃少波和企業負責人做了一次懇談。基於京東的服務品質和價格優勢，以及黃少波的口碑，他很快拿下了一家企業客戶。對方決定先讓黃少波發送一部分快遞，試用一個月。一個月後，對方將全部發件業務交給他做。而此時，很多習慣於依賴商城訂單派件的京東快遞員，還在逐步適應從派件到攬件的轉變。

為了提升服務品質，加強派件的時效性，黃少波把不同的客戶資料進行整理歸類，及時滿足客戶的要求，未送達的快遞及時查找原因，並積極尋求解決方案。慢慢的，他積累了一批穩定的企業客戶。

這就是黃少波和普通快遞員的區別。他說：「只要多想辦法把優質的服務對外推介，一定能打動客戶。」很多人在服務客戶的過程中喜歡擺事實、講道理。他們一遍遍的告訴客戶他們的產品有多牛，公司有多……在資訊嚴重超載的今天，客戶沒有耐心聽道理。

能夠讓客戶做出決策的並不是你提供的資訊本身，而是這些資訊背後的情境。也就是說，是情境觸發了客戶的動機，他才下意識的做出了決策。黃少波將快遞直送老闆手裡，讓老闆感受到他周到熱忱的服務。下一次老闆想發快遞時，就會被這種積極的情緒推著走，一下子想到黃少波。

很多機會，往往就藏在那些別人瞧不上的細節裡。在這裡，細節最終起到的作用是放大個人的影響力。

人生逆襲的四個關鍵能力

生活中，像黃少波這樣的普通人還有很多，他們工作普通、資質平平，卻踏踏實實、一步一腳印做出了實打實的成績來。結合黃少波的案例和我經手的生涯諮詢個案，我總結出普通人實現人生逆襲的四個關鍵能力。

▣ 制定目標的能力

生活中有很多「待命族」，簡單來說就是自己沒有目標和方向，完全依賴於別人的指令行事。待命族的致命缺陷是缺乏制定目標的能力，他們最容易在職業生涯後期被淘汰出局。

凡是有點成就的人，都有很強的制定目標的能力。例如上文提到的黃少波，京東開放快遞攬收業務後，他迅速制定拿下企業客戶的目標，及時與企業負責人交流，最終拿到了訂單。

在生活中，如果你一時沒有明確的大方向，可以從細小的時間模組入手。思考一下在這個時間週期內，你要實現哪些小目標，兌現哪些價值。透過小步試探，不斷收集外界的回饋，慢慢找到自己的大目標。

▣ 構築專業性的能力

每個人都會面對一個跟工作有關的課題，那就是構建自己在某一領域的專業性。專業性並沒有我們想的那麼難。黃少波整理客戶資料，把電商、微商等客戶分類歸集，這就是專業性，它實際上是人們有計畫的建構自身強項的能力。

普通人想要提升構築專業性的能力只需要三步。**第一步**，也是最重要的一步，即**明確自己的專業領域**。你可以整理一下，自己在哪些領域積累了大量的經驗和資源，這些領域是否是社會迫切需要的。**第二步，根據實際能力與目標能力的差距，制定專業能力提升計畫。第三步，執行計畫。**

▣ 管理人脈的能力

人脈管理能力是我們開拓和維持關係的能力。對於每個人來說，不管你處在什麼職位，小到一份工作機會的內部推薦，大到一項商務合作，人脈在其中都會起到至關重要的作用。像黃少波的攬收業務很火爆，這跟他的人脈管理能力有很大關係。他之前派送快遞時跟不少老闆都很熟，這為他後來的業務拓展打下好基礎。

想要提升自己的人脈管理能力並不難。首先要提升自己在某一領域的專業能力，**你的專業能力是你能夠和別人進行等價交換的前提**。混個臉熟那不叫人脈，頂多是通訊錄裡多一個陌生人而已。隨時思考，你的專業能力能為別人提供什麼價值，然後再創造進一步接觸的機會。

▣ 業務商洽的能力

業務商洽的能力就是在業務合作中進行溝通協商的能力。黃少波的企業客戶，都是一個個談出來的。這種業務商洽的能力，表現為善於傾聽，為客戶尋找解決問題的方案，而不是單方面把自己的想法傾倒給對方。

你可以透過以下這幾個步驟，提高業務商洽的能力。第一步，換位思考，了解對方的價值觀、處境；第二步，求同存異，探索雙方的共同目標，提出有價值的解決方案，達成一致；第三步，允許對方表達自己的想法，不要橫加干涉。

參與社會競爭，是不可避免的人生經歷。這其中，努力是成功的因素之一，但每一個巨大的成功背後都是多個變數互動的結果。認清楚這個現實，你的人生才能有希望。將你的能力投入到你鎖定的領域裡，然後從現在開始，持續的刻意練習，讓自己能分享這個時代豐厚的紅利。

刻意學，一年頂十年經典語錄

人生逆襲的四個關鍵能力：制定目標的能力、構築專業性的能力、人脈管理的能力，以及業務商洽的能力。

第三章

遇到瓶頸怎麼辦？拐個彎繼續走

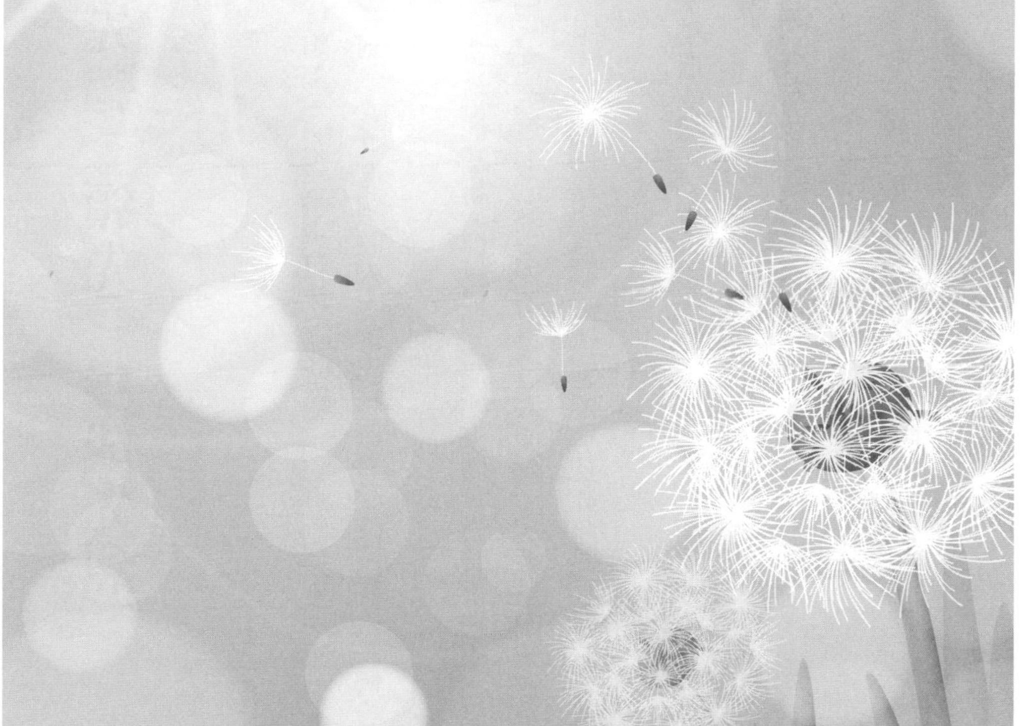

01 領先半步是先驅，領先三步成先烈

「羅輯思維」推送過一條音頻：「領先半步有什麼好處？」音頻裡羅振宇（按：中國資深媒體人，邏輯思維和「得到」App創始人）提出一個有趣的問題：「假設你現在穿越回到唐朝，請問你想幹點啥？」

羅振宇舉例：「你確實是一腦子現代知識，但是你知道的東西，當時都造不出來。所以，你的知識對當時的人沒啥用，甚至還很危險。你要是逢人便說：『人是由猿猴進化而來的』，很可能就被看成瘋子了。更重要的是，當時的人會的，比如吟詩作賦，你還不見得會。」

最後他總結說：「領先一千年很危險，領先半步才安全。」

在複雜體系裡，步伐別邁得太大

我很認同這個觀點。把它延伸到生活，生活中的問題出在哪裡？很多時候不是出在我

們沒有能力上，而是你能力太強，在「技術」層面走得太快，「靈魂」跟不上了！

「你，馬上，動員所有力量把人員的缺口補上。如果人員不能及時就位造成工地停工，咱哥倆的情分就到此為止！」

當老闆黑著臉瞪著眼珠子，用幾乎是下最後通牒的口吻向政輝布達工作時，他著實吃驚不小。怎麼說他也是「空降」來的總監，大企業出來的「香餑餑」，蜜月期這麼快就結束了？政輝一邊應承著老闆，一邊飛快的思忖著。

半年前，政輝在一家集團企業的分公司做人力資源經理，他在那家企業待了八年。對於今後的發展方向，他希望要麼能調回集團總部擔任中階管理，要麼能在分公司「上一個臺階」，晉升到總監級別。

但他發現這兩個方向都有點難以實現：集團總部一個蘿蔔一個坑，很少有人「挪窩」，他能進入的可能性很小；分公司總監級別的職位要麼是集團下派人員，要麼是外聘空降兵，自己不太容易能獲得這個職位。

總不能在分公司的中階職位上待一輩子吧？他開始動用身邊的資源，向外尋求更好的發展機會。獵頭將他推薦給一家企業規模跟他所在的集團公司不可同日而語，但是對方給出的職位是「人力行政中心總監」，待遇也高出不少。

政輝跟目標公司接觸了幾次，對方對他表示出極大的尊重和興趣。政輝給自己打氣：「中小企業是一個廣闊的天地，在那裡是可以大有作為的。」

政輝走馬上任，新東家特別為他準備了熱情洋溢的歡迎會。他準備將前東家先進的管理制度套用到新東家，改善公司落後的管理面貌。對於政輝的執政方案，老闆不鼓勵也不支持。新官上任，他不想太挫年輕人的銳氣，但很多東西，他覺得並不是公司目前迫切需要的。下面的員工對於政輝的新政並不買帳，他們認為實用是最重要的，不需要搞那麼多形式主義。

政輝處處碰「軟釘子」。最讓他難過的是，自詡業務能力很強的他，卻在他認為技術含量低的工作模組中頻頻出現紕漏。先是因為農民工（按：指為了工作從農村移民到城市的人）合約糾紛問題被管理部門約談，後來又因為一線施工人員儲備不足，導致新開工專案幾乎無人可用……。

那些他認為沒有技術含量的基礎工作沒做好，而他認為有技術含量的工作又沒開展起來。裡裡外外，他的工作業績看起來一塌糊塗。

很多人的發展之路，並不是因為技術不先進或水準不行而堵死。相反的，當他們的技術先進到別人還沒有對它完全認可，而他們本身對於舊技術又嗤之以鼻時，就會在不斷驗證自己的過程中消耗大量的精力，最後基礎工作沒做好，亮點業績也沒做出來，從而逐漸喪失競爭力。

相較之下，華為就是一個正面的例子。華為一直強調在產品的技術創新上要保持領先，但只能領先競爭對手半步。**領先半步是「先驅」，領先三步就成了「先烈」**。真正的領先是**在分析客戶和老闆的需求的基礎上，提出解決方案，以這些解決方案引導自己的工作方向**。

一個被遺忘的偉大符號

在一個新的環境中，取得成功的關鍵是發現機遇並把它變成商業價值。這個過程需要創新，但是創新不等於創造商業價值，很多先進的管理理論或科學技術，在商業上可能會敗得一塌糊塗。

一九九〇年末，摩托羅拉公司（Motorola）啟動銥星計畫。這是一個全球性衛星行動通訊系統——透過使用衛星電話，通過衛星可以在地球上的任何一個地方撥出和接收電話訊號。

銥星系統技術上的先進性在衛星通訊系統中處於領先地位。但是，由於銥星系統衛星之間需要透過星際鏈路傳送資訊，這使得研發費用和系統建設費用高昂，整個銥星系統耗資達五十多億美元，每年光系統的維護費就要幾億美元。

當摩托羅拉公司費盡千辛萬苦終於在一九九八年十一月一日正式將銥星系統投入使用時，命運卻和摩托羅拉公司開了一個很大的玩笑：傳統的手機已經完全占領市場。絕大部分城市、城市近郊的農村、交通幹線、旅遊勝地都被地面網路覆蓋，行動電話的國際漫遊成為可能。

這意味地面行動電話網路在成本費用、手機輕便性等方面占了相當的優勢。衛星行動電話的市場被不斷的壓縮著。

一九九九年三月十五日，摩托羅拉公司正式通知銥星電話使用者，如果還沒有買家收購銥星公司（Iridium）並追加投資，銥星的服務將於美國東部時間三月十七日二十三時五十九分終止。三月十七日，銥星公司正式宣布破產。

管理大師彼得．杜拉克（Peter F.Drucker）曾指出：「**創新的成功不取決於它的新穎度、科學內涵和靈巧性，而取決於它在市場上的成功。**」

對很多人而言，這些教訓非常重要。工作中不要只考慮技術優勢，你在技術上的領先也不要太靠前，更重要的是要與環境「相容」，領先半步即可。否則很容易步摩托羅拉的後塵，成為一個被遺忘的偉大符號。

如何才能做到「領先半步」

領先半步，是一種分寸和尺度的把握。有三條重要途徑：

▣ 要有初學者心態

初學者是謙卑的、開放的。在他們的視野裡，自己永遠是一個新手。初學者不主觀臆斷、不預設，總有一顆要去接納事物的心。政輝最缺乏的恰恰是這種初學者心態。他認為自己是大公司出來的，不屑於向同事們請教，他想將自己過去的成功經驗直接套用到新公司，結果吃了大虧。

美國物聯網之父凱文·艾希頓（Kevin Ashton）在《如何讓馬飛起來》（*How to Fly a Horse: The Secret History of Creation, Invention, and Discovery*）一書中曾經提出一個概念：無意視盲。

意思是說我們事先預設的一些觀念會導致我們的觀察出現盲點，使我們看不到那些事實上存在的東西。

所以，進入一個新環境，要有初學者心態。事物存在很多的可能性，而不是沒有多少可能性。要能看到新的問題，注意到可能被忽視的事物。

▣ 發掘天然存在的需求

在新的環境，每個人都想盡快做出成績。那該怎麼做呢？最好是發掘那些天然存在的需求。例如，政輝的新東家處於初創期，企業的目標是生存，企業對於承接新的工程專案獲取現金流的渴望高於一切。在這個階段，流程、制度、科學化就顯得不那麼重要，人力資源工作的重點在於保證一線施工專案的人員供給，高效執行企業各項決策。

▣ 要事第一

這是史蒂芬·柯維（Stephen R. Covey）博士在《與成功有約：高效能人士的七個習慣》（*The 7 Habits of Highly Effective People*）中說的第三個習慣。而時間管理矩陣，就是他以輕重為一維，緩急為另一維，構建的一個二維四象限圖。

要事第一，就是主動刪掉一切「不重要也不緊急」的事，拒絕大部分「緊急但不重要」的事，直到小於一五％。這樣你就可以把六五％到八〇％的時間花在「重要但不緊急」的事上，並因此讓「重要並且緊急」的事情，減少到二〇％到二五％，達到「忙而不亂」的境界。

領先的路徑是由許多的步驟組成的，在競逐領先的過程中大多數人都是失敗的，大多數人的努力都沒有明顯的進步。人或企業最重要的事永遠只有一件，那就是思考「何為正確」。而判斷正確的標準，不應是無休止的關注著自己，應要讓自己更加關注他人。

刻意學，一年頂十年經典語錄

創新的成功不取決於它的新穎度、科學內涵和靈巧性，而是取決於它在市場上的成功。

02 決策是為了實現目標，不是為了逃避眼前的困難

在心理學中，「決策」是一個被廣泛關注的話題。從心理學角度來看，決策包含思維過程，也包含意志行動，是兩者相互結合的產物。

生活中，我們時時刻刻都需要做決策。有些可能是比較小的決定，比如早餐要不要喝咖啡；有些可能是比較大的決策，比如說是要去北上廣闖一闖，還是要回安逸的老家？是要在公家單位穩定的工作，還是要去高薪的民間企業？正是這一連串的決策疊加成了你的命運。

決策力，是拉開人與人之間差距的關鍵

我的來訪者曉騏今年二十八歲，在互聯網公司從事了五年多技術工作。他現在所在

的公司規模不大，他從普通技術員一直做到團隊負責人。對於公司的業務，曉騏覺得自己駕輕就熟。從未來發展前景看，公司比較穩定，不會有太大的變化，這也就意味著他的職位基本止步於此，遇到了天花板。

現在他有一個機會——某知名互聯網公司向他拋出了橄欖枝，讓他比較糾結的是，如果去了只能從普通技術員做起，不能帶團隊，等於重新開始。老東家的穩定與地位，新東家的平臺與機會，在「雞頭」與「鳳尾」中，曉騏不知道該如何選擇。

我有一個朋友，想要裝修新房。第一次覺得歐式風格比較漂亮，就請裝修公司按照歐式風格設計了圖紙，還跑去看了幾次歐式家具；第二次又覺得中式風格比較古典有味道，就要裝修公司重新設計了圖紙；後來又聽別人說日式風格收納空間很大，所以又請裝修公司修改圖紙……從他張羅裝修到現在，兩個多月過去了，設計圖還沒搞定。朋友跟我說：「選擇多了，反倒讓選擇比較困難。」我不這麼認為，我覺得不是選擇有困難，而是決策力弱。

簡而言之，決策力就是做出選擇或決定的能力。它通常是指人們在面對兩種以上選擇時，透過分析、比較，從中選擇最優方案的過程。在一些重大選擇上能否準確判斷、快速反應，體現一個人決策力的高低。而決策能力是拉開人與人之間差距的關鍵。

是什麼阻礙了人們的決策

蘇格蘭心理學家肯尼思・克雷克（Kenneth Craik）在一九四〇年曾經提出過「心智模式」的概念。所謂心智模式是指人們內心深處關於自己、他人、世界的認知，簡單來說就是一種思維定式。而影響人們決策的，正是很多錯誤的心智模式。

▣ 風險厭惡模式

風險厭惡模式就是決策者對決策風險的反感態度。只希望有確定的回報，而不願意承擔任何風險。但任何一次人生選擇，都是不斷權衡利弊，做出取捨的結果。這也就意味著，每一次選擇都有風險。

我有一個來訪者，在一家商業銀行上班，雖然他的職位是銀行的關鍵業務職位，但他仍然缺乏安全感。

他覺得近年來隨著互聯網金融的興起，傳統金融機構受到了不小的衝擊，後來他考取了當地某個機關的公務員，他覺得公務員肯定要比銀行的職位穩定。由於他考取的公務員職位並不是所屬機關的關鍵職位，薪資福利也沒有銀行好，所以當他接到機關的報到通知時糾結不已。他既想要銀行的高薪，又想要公務員的穩定，只有這樣百分之百的規避風險才能讓他有安全感，但這顯然是不現實的。

這個世界上從來就沒有百分之百的安全感。追求百分之百安全感的人，要麼墨守成規不敢求變，要麼在糾結中永遠不做決策和選擇，而無論選擇哪一種，都意味著要付出更大的代價。

▣ 依賴模式

說起依賴模式，我經常會遇到這樣的來訪者，他們往往對生涯諮詢的過程不大關注，而是想馬上拿到結果。他們會在問題陳述完了之後問：「老師，如果妳是我，妳會怎麼選擇？」

把自己的人生選擇權交出去，意味著他們不用做出思考和決策，同時也不用承擔相應的責任和風險。

每個人的價值觀都是不同的，所以選擇肯定是不同的，**對於自己的人生選擇，沒有人能代替你做決策**。如果把人生比作一幅畫的話，你的人生藍圖，交給別人來塗抹，你覺得那會是自己想要的生活嗎？

所以，依賴的本質是對決策標準的不確定，不知道自己想要什麼。只有一步一步澄清內心深處的渴望與偏好，才能做出理性的決策。

■ 逃避模式

一些大學生朋友經常會問我：「老師，找工作挺難的，我要不要考研究所？」

一些職場人士則會問我：「與主管和同事不合，我要不要換份工作？」

實際上，要不要考研究所，這需要看你未來的就業方向是不是需要更高的學歷；而要不要換份工作，這需要看換工作是否符合你未來的職業發展預期。

而很多人做出職業選擇的原因不是為了獲得更好的發展機會，而是為了逃避現實。這種決策往往會讓自己從一個坑跳到另一個坑，並不能從根本上解決問題。**決策是為了實現目標，而不是為了逃避眼前的困難。**

灰度認知、黑白決策

「得到」App專欄課程《老喻的人生演算法課》中提到過這樣兩個概念：灰度認知、黑白決策。**灰度認知是指你在分析選項的階段，先不急於做非黑即白的判斷，保持一定灰度**，這個灰度最好有一個數值。簡單來說就是避免非此即彼的「二元選擇」。美國暢銷書作家東尼·羅賓斯（Tony Robbins）說：「**只有一種選擇方案意味著毫無選擇；兩種方案會讓你陷入兩難境地；三種方案才能讓你有選擇的餘地。**」

黑白決策，是說我們**在形成最終決定時，必須有一個黑白分明的選擇，不能模棱兩可**。我們必須要認知到，沒有完美的決策。追求完美主義本質上是對失敗的擔心，但是**人生最大的失敗就是你不敢做出任何決策**。當你做出決策後，要以開放的心態，迎接可能到來的錯誤。

我在做生涯諮詢和教練輔導的過程中，梳理了一個「三維決策框架」。「三維」是指三種思維方式：正向思維、逆向思維和多元思維。

正向思維，是指人們在面對問題時，沿襲某些常規思維方式去分析問題，是一種從已知進到未知的思維方法。在進行生涯決策時，主要指正面的、積極的東西。

逆向思維，是指面對問題時，讓思維向對立面的方向發展，敢於「反其道而思之」。在生涯決策時，主要指負面的、消極的東西。

多元思維，是指多種思維方法在思維活動中的全息式整合。在生涯決策時，主要指結合正向思維、逆向思維的結果，進行全方位的系統性思考，最終做出決策的過程。

我的客戶老劉的女兒小劉在美國讀書。本科畢業後，小劉收到某知名企業的聘任，辦公地點在紐約的地標建築物——帝國大廈。對於這個工作機會，我和小劉透過視訊，一起做了「三維分析」。

小劉的工作是編輯，收入尚可。作為剛畢業的新人，能夠在全球化的大公司工作，以提升視野和學習知識為目標的話，是個非常不錯的選擇。這個過程就是正向思維。

但是，編輯這個職位在那個公司屬於輔助性職位，所屬的部門在總部也屬於輔助性部門。這意味著如果小劉一直在編輯這條線上發展的話，即便今後有機會晉升，也不能接觸到公司的核心業務。這並不符合她對未來職業發展的預期。這個過程其實就是逆向思維。

經過綜合分析，小劉考慮到自己接下來的發展重心並不是找到一個好的職位，而是考取研究生。那麼在讀研究所前，如果有機會在大公司工作，了解職場，也是個不錯的選擇，最終她接受了那份工作。這個過程就是多元思維過程。

一個人決策能力強，往往意味著他對自己、對外界的環境和機遇、對於職業的相關資訊，及對自己的職業發展目標都有非常強的認知能力。這時候他根據「三維決策框架」所做出的選擇，每一步都指向自己的人生目標。

刻意學，一年頂十年經典語錄

只有一種選擇方案意味著毫無選擇；兩種方案會讓你陷入兩難境地；三種方案才能讓你有選擇的餘地。但是人生最大的失敗就是你不敢做出任何決策。

03 面對衝突，除了逃和戰，你還有「第三選擇」

我們生活在一個「個體崛起」的時代，隨著商業環境的劇變，組織形態和工作方式也發生了巨大的變化。組織的邊界日漸模糊，但是，最富挑戰性的人和人之間的壁壘仍然存在。很多人在工作中都遇到過協作的難題：你做了A方案，他做了B方案，要麼聽你的，要麼聽他的，兩者選其一，誰也不服誰。於是工作卡在那裡，無法推進。無論是本部門的分工還是跨部門的協作，人與人之間都會由於防禦性思維而產生諸多的衝突。解決衝突的關鍵是：找到對雙方都有利的方案。通俗來講，叫共贏性方案。

每個人都有「第三選擇」

我的客戶陸總最近為接連失去兩位職業經理人而苦惱。

陸總的第一位職業經理人是跟隨他創業打拚的老部下韓峻。用陸總的話來說，韓峻為人踏實，特別忠誠，但就是身段太軟，做事缺少魄力，總喜歡當「和事佬」。韓峻認為，只有工作少起紛爭，才能天下太平。然而，企業要發展，真正做事的人，在工作中不可避免的要應對各種衝突。

韓峻的行事方式，導致在他擔任總經理的幾年裡，公司業績變化不大。陸總不能容忍的是，韓峻的和事佬有時當得特別沒有原則，嚴重損害公司利益。

有一次，一位部屬提出加薪要求，揚言公司不加薪就辭職走人。考慮到這個部屬工作能力很強，為避免人才流失，韓峻就應承下來。但是這個先例一開就壞事了，陸續有員工如法炮製，跟公司討價還價提加薪，公司不答應，就消極怠工。韓峻處理不了，最後陸總出面平息這件事。韓峻遇事不喜歡有分歧，不喜歡搞對抗，說得好聽點叫「和稀泥」，說得難聽點叫逃避。

陸總認為韓峻已經不適任了，就把他調派至外地分公司任職，然後開始著手招募手腕硬點的人做總經理。

獵頭公司為陸總推薦了幾位候選人，陸總最中意的是齊展鳴。他原是一家地產公司的高階主管，業務出身，舉手投足都透露著凌厲、果決的風範。齊展鳴很快上任，在上任之初的一個月裡，他和陸總惺惺相惜，配合甚是默契。但很快，陸總不得不頭疼的為齊展鳴收拾爛攤子。

齊展鳴工作非常努力，能力也很強，一上任就提出了一系列新措施。但是，作為「空降兵」，他很難調遣那些跟陸總衝鋒陷陣、打天下的老員工。

齊展鳴手腕硬、樹權威、擺架子，一言不合就訓人。別說那些與陸總一起創業打拚的老部屬，就連普通員工都覺得在他底下幹活很委屈。齊展鳴多次批評員工的工作成果是垃圾，員工是蠢材。

齊展鳴像個火力十足的小鋼炮，面對衝突，他攻擊性十足。員工送給他一個綽號——「齊海燕」，說他喜歡在狂風和烏雲之間翻滾，內心充滿對暴風雨的渴望！陸總一直安慰自己：「對於高階主管要多一點耐心。」但是，五個月後，他終於忍無可忍，「禮送」齊展鳴離開。

應對衝突，無論是像韓峻一樣選擇逃避，還是像齊展鳴一樣選擇對抗，實際上都是一種在自我保護心理下啟動的防禦性思維。有思想的人，真正關注的是在逃避和對抗之外，尋找彼此都能接納的方案，以達到共贏的目的。

管理學大師史蒂芬·柯維把這種應對衝突的方式稱為「第三選擇」，它能幫人們解決日常生活中的諸多難題。

不是我的方法、你的方法，而是「我們的方法」

「第三選擇」不追求我的方法、你的方法，而是追求「我們的方法」。也就是說，雙方或多方在執行一項任務的過程中互相配合著做事，最後雙方或多方能夠共同獲得利益。

我有個同事老錢，早年跟隨老闆鞍前馬後打天下，後來被老闆派到集團旗下規模最大的分公司擔任總經理，同事們都戲稱他是封疆大吏。有一年，我去他的轄區出差，親眼看見他處理衝突的方式，受益頗多。

那天我正跟老錢在辦公室聊績效和薪資方案的事，員工小周來找老錢申請加薪。我也認識小周，他是集團定向招聘（按：指事先明確的限定了具體方向或目的等條件的人員招募活動）派到分公司做測量員的。小周的訴求是，自己做了三年測量員，技能嫻熟，業績不錯，所屬專案部一直在艱苦地區作業，希望公司能加薪。

老錢看了看我說：「妳是集團人力資源部門負責人，妳看怎麼處理？」那時集團實行的是職級寬頻制（按：薪資等級較少，變動範圍較寬），測量員的薪資從一級到九級，分公司有決定權。我趕緊把事情推給老錢，我說：「你們談，有調整向集團報備。」我這麼說的目的，一是不想干預分公司的內部管理，二是想看老錢如何處理這件棘手的事情。

老錢不慌不忙的向小周了解情況。從家庭情況到工作情況，還了解了他對公司管理及專案施工管理的具體看法。小周一開始有點緊張，後來慢慢放鬆下來，他開始熱切的說出自己的觀點和想法，特別是關於專案施工管理的一些想法，非常有價值。

談完後，老錢告訴他：第一，在測量員這個職位我不會幫你加薪；第二，你可以考慮承擔更重要的工作，到施工員的職位上見習三個月；第三，見習期薪水按測量員標準，見習合格轉職做施工員，薪資按施工員一級起薪。

小周聽完又驚又喜。施工員是測量員縱向晉升繞不開的一步，只有做了施工員，才有可能繼續往上做施工隊長、專案經理。小周的工作範圍擴大，技術含量增加，如果順利通過見習期，薪水也會更高。

其實，老錢完全可以打發走小周。比如告訴他，「別人跟你拿一樣的薪水，你憑什麼多拿？」、「你的確很有能力，但是公司有規定，我也不能因為你破壞規矩。」老錢也可以直接妥協，答應小周的要求，這些做法既簡單又直接。但是，他能察覺到小周加薪訴求背後的雙贏可能性。他透過擴大員工的工作半徑、讓員工承擔更重要的職責，進而提升員工的能力，提高員工的收入。

員工帶著抱怨來，帶著希望和幹勁走，這就是擁有第三選擇思維的主管的魅力。他們不為衝突而戰，而是在衝突中汲取共贏的養分。

我在生涯規畫輔導中經常把這個方法教給來訪者，幫助他們化解工作中和主管、同事或客戶之間的衝突。這個方法像萬金油一樣好用，你會發現，只要衝突雙方願意朝著共同的方向努力，在第三選擇框架下，解決問題的方法就一定能被創造出來。

要解決問題，必須澈底改變思路

共贏的結果是一加一大於二，這個道理很多人都懂。但是大多數人在尋求共贏方面做得並不好。因為它涉及思維方式的改變，以及心理防禦機制的打碎和重建。

有一次，一位客戶問了我一個問題：「公司效益比剛創業時好，但自己卻越來越累，為接班人的事情費盡心思，現在越來越焦慮，怎麼辦？」

這位客戶在十五年前創業，他覺得跟十五年前相比，公司除了多賺了點錢，本質上沒有太大的變化。比如，他雖然是老闆，但也是最大的業務員。公司的大單全靠他談，他大量的精力消耗在拉單子、陪客戶、擺平事上面，五十幾歲的人感覺特別累。

他也曾透過獵頭公司聘請過一些優秀的人才，有些是我和他一起面試的，我發現那些優秀的人都沒能留下。他給對方較高的績效收入承諾，結果一到年底該兌現承諾時就「肉疼」。他的目光時刻離不開「成本」兩字，一想到優秀人才花了他那麼多錢，他就忍不住苛責、壓榨。於是能幹的人都走了，他又抱怨生意做得太累，找不到「好人」，這不是自找的嗎？

有錢自己賺，有事大家擔，天下哪有這樣的好事。優秀的管理者，要懂得平衡自身利益和他人利益。怎麼做呢？這就需要選一件合手的工具：認知平衡法。我們可以把它分解為四步：

1 審視自己

將自己視為有獨立判斷力和行為能力的獨一無二的個體，而不是所屬的某一個團體。你可以與別人分享你的看法，也可以對自己和他人的想法提出質疑，而不是堅信自己是對的，與他人對抗。

2 看到差異

承認雙方或多方的差異，並在這個基礎上接納與自己不同的人。要看到衝突之外比各自力量更為強大的合作共贏的力量，而不是在敵意中削弱彼此的力量。

3 換位思考

設身處地站在對方的立場上體驗和思考問題。以積極開放的心態傾聽對方，直到真正理解他的看法，而不是自我防禦的認定「你與我不同，你就是個異類、威脅」。

4 尋求共贏

協調雙方或多方站在同一出發點共同努力，創造出更好的解決方案。不攻擊、不妥協，而是運用雙方或多方的力量實現更好的效果。採用什麼樣的方法處理問題，就會得到什麼樣的結果。戰爭催生戰爭，共贏催生合作。

愛因斯坦（Albert Einstein）說過：「**我們不能用製造問題時的同一水平思維來解決問題**。」要解決最棘手的問題，我們必須徹底改變思路。

刻意學，一年頂十年經典語錄

每個人都有「第三選擇」，不是我的方法、你的方法，而是「我們的方法」。

04 八〇%以上的糾結，都可以解決

美國心理學家伯納德・韋納（Bernard Weiner）認為，人們對成敗的歸因會對日後的行為產生重大的影響。世間萬物有因終有果，有果必有因，只要你所做的事情存在一個結果，那麼歸因都是你不可不做的事情，它會左右你內心期待的結果。

從我經手的生涯諮詢個案來看：**八〇%以上的糾結、倦怠、挫折，都可以透過恰當的歸因消除**。認識歸因偏差，才能找到問題的本質。經濟學家陸雄文在《管理學大辭典》中這樣定義：歸因偏差是大多數人具有的無意，或非完全有意的將個人行為及其結果進行不準確歸因的現象。**在人們的潛意識中，我們習慣高估自己，將成功歸因於自我能力、個人特質，而將失敗歸因於外部環境、工作本身以及他人。**

人到中年，人生半坡

曉欣是一所大學會計系的老師，薪水雖然不高，但也不低，每年還有寒、暑兩個長

假。但最近幾年她總是抱怨：「越來越覺得這份工作沒有價值，要是當初選擇去外資企業，也許現在都年薪百萬了。」

在這個城市，她有房有車有人愛，看起來生活得愜意、體面。但只有她自己知道，她近年來對教書的倦怠感。每天，她都硬著頭皮去上課，對學生也越來越沒有耐心，動不動就發火。一個人時，她經常想：何處是正途？可安駐我心？

曉欣二〇〇九年留校任教，剛工作時她也曾為教師的職業自豪過。她很自然的給自己貼上「高級知識份子」的標籤。那時站在講臺上的她自信從容，出於對工作的熱愛，她用耐心與真誠對待每一位學生。

雖然有時候曉欣也會覺得落寞，但她很清楚作為教師，自己的價值感源自哪裡。她說，教師這個角色的責任感讓她嚴格要求自己，不斷探索新知、分享新知，當她這樣做時，她發現自己成長得非常迅速，而這種自我成長，激勵她投入新一輪的熱情。

然而，從二〇一五年開始，原本幹勁十足的曉欣開始感到失落與無望。理想與現實之間也總是存在著一些落差。比如，學校低效率的管理方式；科研與論文發表的壓力；保守的教學方式；最大的落差源自上課時學生們「一潭死水」般的回饋，彷彿這是一堂與己無關的課程。

她開始無比焦躁。因為論文的事情，她和系主任吵了一架；因為學生上課不認真聽講，她言辭激烈的批評，隨後遭到投訴。她感覺大學老師這個職業讓她的價值感變得低下，開始有了想要逃離的念頭。但離開這裡，又能去哪？

人到中年，人生半坡。努力打拚了多年，曉欣終於跌跌撞撞爬到了山腰，卻發現，已經很難再往上走，這是無數中年人的現狀。當我們發現自己無力改變這個世界時，我們只好向自己妥協。

世界那麼大，看了有用嗎

迷茫糾結了三年，二〇一八年勞動節過後，曉欣決定鼓起勇氣邁出嘗試的一小步。她盤算了一下：暑假開學之後，她將要帶大一新生，大一新生得軍訓一個月，這期間她不用到學校上班，再加上七月開始的暑假，算起來有三個月假期，何不利用這段假期找一份工作來嘗試一下？也好為將來的跳槽做個準備。

曉欣結合自己的專業能力，認為在企業從事財務類工作可以與自己的專業銜接上。她開始偷偷在幾家人力資源網站上投遞簡歷。上課之餘，她去過幾家企業面試，經過仔細權衡，她終於選定一家企業，並談好七月初上班。

曉欣應徵的職位是一家民營製造企業的主管會計。企業成立至今，財務管理混亂，到現在積弊日久才想到要好好梳理財務制度流程。除了日常工作外，曉欣還要處理歷史遺留問題，這些陳年舊帳的處理難度就連一般老會計都吃不消，前任會計就是因此離職的，可想而知曉欣的工作難度。

同事多數都不友善，他們用挑剔的眼光審視著曉欣，言外之意就是「妳不是大學老師？這點活還做不來？」工業企業的財務工作本來就相對複雜，再加上曉欣過去的工作完全是知識輸出，並沒有實戰功底，面對這堆爛攤子，她焦頭爛額。那些年齡比她小一大截的同事，幸災樂禍的看著她這個無處安放的老人家！

到職一個月，曉欣開始懷念學校。她對這份工作的體驗極差，老闆對她的工作也不買帳，雙方一拍兩散。曉欣來到我的工作室，希望能釐清為什麼自己的工作總是不盡人意，接下來的路該怎麼走。

理由千千萬，貴在要自省

和上一輩人換工作的謹慎相比，可以發現，在如今這樣一個自由選擇的年代，對不滿意的東西，**我們習慣了「換」，而不再想著去「修補」**。把這個邏輯放在職業選擇上，對於那些不滿意的工作我們也不再有耐心修補，而是果斷離開，一言不合就要跳槽。我們都期望下一份工作能夠做自己喜歡的事，但是下一份工作就真的是你的夢幻工作？

在搞清楚這個問題之前，我們需要問自己：我想成為一個什麼樣的人？什麼對我來說是重要的？我需要在哪些方面做出改變？如果這些基本的問題沒有想清楚，人就容易迷失方向。回答這些問題，需要直觀的看到與此相關的各因素是什麼關係。

曉欣判定自己對大學教師工作產生了職業倦怠，而選擇盲目逃離，但她沒有看清倦怠背後的真正誘因。我用生涯教練工具「平衡輪」幫曉欣做分析，希望能夠幫她釐清現狀，覺察到平時被忽略的部分，找出希望改變的地方，然後制定計畫，採取行動。這個工具非常好用，你也可以試一試！

1 創建平衡輪

首先，在一張白紙上畫一個標準的大圓，然後把大圓分成七份，依次填上對於自己生命平衡和幸福而言最重要的七項內容，標準版的生涯平衡輪內容順時針為：

- 職業發展：在職業中不斷進步變化，不斷自我更新。

- 財務狀況：你的資金方面。
- 健康狀況：你的身體、心理健康方面。
- 休閒娛樂：有益身心的休閒活動，在非勞動及非工作時間內有益身心的業餘生活。
- 家庭生活：未婚者，指自己的原生家庭；已婚者，指自己和配偶的小家庭。
- 個人成長：知識、能力、眼界、心靈的成長。
- 自我實現：可以與工作有關，也可以與工作無關，只要是能發揮你的天賦，實現你的價值的事。

2 為平衡輪打分

接下來，結合現狀，請給你現在的每個領域打分數。打分標準：一到十分。一分代表最不滿意，十分代表最滿意。打完分數後，問自己幾個問題：

- 你有什麼發現？
- 哪一個領域的分數提高了，會帶動其他領域的分數提高？
- 你對現在的生活／工作有多滿意？
- 有什麼是你想改變的嗎？它們的先後順序會是怎樣的？

- 有哪些部分是需要立即注意的？
- 採取什麼行動會改變這個部分的滿意度？
- 改變後，你的生活和工作會有什麼不同？
- 你可能邁出的第一步是什麼？

結合本文中的案例，曉欣的平衡輪畫得非常漂亮，我給她準備了十二色畫筆，她自由搭配，畫出極具視覺衝擊力的效果。在平衡輪中，她終於看出了端倪。事實上，對於大學老師這個職業身分，曉欣是認同的，所以她給自己職業發展這個領域分數打很高。她發現，問題的關鍵出在「財務狀況」這個板塊。

曉欣的先生在二〇一五年辭掉工作，和朋友合夥在北京開了一家軟體公司。辭職意味著沒有固定收入，而企業初創期處處都要花錢，家裡的經濟狀況陡然吃緊起來，這三年也沒有太大的改觀。經濟上的壓力讓曉欣產生巨大的心理壓力，而她把這一切歸因於她的工作沒有為她帶來想要的價值。

看著平衡輪，曉欣流下眼淚，她差點就放棄一份自己喜歡的好工作！看似簡單的生涯平衡輪，其實背後有很多心理學原理在起作用，其價值是明顯的。其實，平衡輪的作用就是用來釐清一件事情背後的關鍵要素。很多時候我們的困惑是由於我們並不了解自己，平衡輪能將非常抽象的指標具象化、視覺化。

克服「歸因偏差」，避免成為生活易耗品

在曉欣的案例中，我們看到，以職業倦怠顯現的困惑，其本質很可能不是「倦怠」，而是「歸因偏差」。長久以來，曉欣把經濟上的壓力歸因為自己的薪水太低，這種歸因偏差導致她對工作產生了低價值感，低價值感又引發一系列抵觸情緒，進而陷入了困境，困境進一步引發低價值感，形成惡性循環。

在平衡輪的練習中，我問曉欣：「有什麼是妳想改變的嗎？」她毫不猶豫的回答：「財務」。

我繼續啟發她：「接下來採取什麼行動會改變這個部分的滿意度呢？」

她說：「平時課程不多，可以在業餘時間去一些會計補習班講課增加收入。」

曉欣說，她很支持先生創業，雖然創業三年都沒賺到錢，家裡還倒貼不少，但眼見著專案慢慢有了起色，她不想半途而廢。她說接下來的時間，她可能會很忙碌，一定要多接些兼職的工作，把經濟缺口補上。

如果你的生活也遇到各種迷局，嘗試從現在開始學習並練習平衡輪，找到正確的歸因

方式，也許很多事情就會變得不一樣。逃離只會讓你離真相越來越遠，改變自己、調整自己，才能遇見美好的未來。

刻意學，一年頂十年經典語錄

八〇%以上的糾結、倦怠、挫折，都可以透過恰當的歸因消除。

05 生活並不完美，但並不代表它不美

多年來，我都在致力於幫助人們解決職業定位、職業選擇、生涯平衡等人生難題。我意識到，許多來訪者耗費了太多時間苛求自己成為一個完美的人。**人們與種種「不完美」做鬥爭，卻絲毫沒有意識到真正困擾自己的是什麼**。

完美主義的確能讓人在某種程度上把事情做好，但是一心追求完美，便會對很多事物不滿，它會讓人過度焦慮，為了避免犯錯而不惜一切代價，這反倒阻礙了目標的實現。

完美主義是最沒有必要的

我參加生涯研習時，結識了不少學伴，其中有兩個學伴A君和B君讓我留下深刻的印象。A君是一家企業的人力資源總監，B君是退伍軍人，他們都既聰明又好學，專業知識非常扎實，且都有一個共同的願望，那就是透過專業的培訓學習，未來有機會轉型做全職的生涯諮詢師。

研習學習到的是知識，而知識到技能的轉變還隔著實踐。研習結束後，A君和B君開始動用身邊資源，大量接觸生涯諮詢個案。A君是個完美主義者，他發現來訪者的行業背景各不相同，遇到的職業難題五花八門：工作與生活平衡、職業情緒疏導、核心競爭力挖掘……作為新手諮詢師，他並不能完美的解決來訪者的所有問題，於是有些沮喪。

有一次，我轉介案子給他，我說：「資費標準你跟來訪者談吧！」他說：「我，免費！」我問他為什麼。他說，怕自己不能完美的解決來訪者的問題。就這樣，A君被完美主義阻隔在付費諮詢的門外。他一直做免費諮詢，而這導致他不能透過付費篩選高品質客戶。兩年後，他仍然是一個生涯規畫諮詢業餘愛好者，沒有按照預期轉型成為全職的生涯諮詢師。

B君也從免費諮詢做起，他發現受限於自己過去的職業經歷，作為新手諮詢師的他很難跨行業解決來訪者的複雜問題。他利用自己的從業背景，一開始只做退伍軍人的諮詢個案，而且很快開始做付費個案。

我們一起交流時，B君談到，做免費個案時，遇到難題總會想：「反正也沒收費，試試看吧！」做付費個案時，就會換一種思維方式：「用戶付費諮詢，我怎樣才能交付優質的方案？」在一個行業積累的成功經驗，很容易遷移到另外一個行業。慢慢的，B君的諮詢業務就像一顆扔進水裡的石子，漸漸泛起的漣漪，一圈一圈向其他行業擴散。兩年後，他成為一名專業的生涯諮詢師。

同樣是學習一項新技能，A君和B君的結局迥異，這樣的情況在工作中普遍存在。你學習新技能了嗎？學啦！然後呢？然後我做得不夠好，然後就沒有然後啦！你看，完美主義害死人。

除了一些高精尖行業，比如科研、醫療等需要零誤差外，**對於普通人而言，完美主義是最沒有必要的**。一旦你有了完美主義情結，你就會把全部的時間和精力，投入到把一件事情做到一百分上。事實上，做到八十分已實屬不易，而從八十分到一百分的努力過程，可能是以犧牲很多件應該做到及格線的事情為代價的。而那件你想要做到一百分的事情，也未必能如你所願。要避免這種情況，你需要的是「衝刺思維」。

簡單來說，衝刺思維就是一種在衝刺階段中，不斷交換替代工作並交付階段性成果的思維方式。你要學習一項新技能。你可以把一段固定的時間當作衝刺期，在衝刺期結束時交付成果。以生涯諮詢為例。你學習了生涯諮詢知識，在第一段衝刺期結束時應該交付的成果是：可以獨立完成諮詢個案。這個階段不要求你每個行業每種類型的個案都能做，你可能聚焦的是互聯網行業從業人員的職業定位問題，也可能聚焦的是教育行業女性員工的生涯平衡問題。

總之，如果把你的交付成果看作一個產品的話，它可能只是產品的某一部分。當你把階段性衝刺的成果公開交付後，透過外界的回饋，不斷對這個成果進行優化。接下來開始新一輪的衝刺期。

用衝刺思維管理工作

我有個客戶老吳，開了一家規模不大的諮詢公司，主要為中小企業提供行銷諮詢及客制化教育訓練服務。老吳負責的專案，有一個非常突出的特點：快速交付。一個專案，如果同行的交付時間是兩個月，他可以把時間縮短一半，一個月交差，並且保質保量。專案週期短，所以專案報價就非常有優勢。

我問老吳怎樣在這麼短的時間交付保質保量的成果。老吳的回答是「衝刺」。老吳帶領專案小組，將工作任務分解到每週，以一週為一個衝刺週期。在一個衝刺週期內額定的任務，不得輕易刪減和改變。這種思維使得他們能在最短的時間內產出可交付的成果。

學習新技能的目的是什麼？不是為了學習本身，而是為了產生可交付的成果。當你以「衝刺」的視角去看待一段週期性的時間時，你會有強烈的任務感和緊迫感。你會不斷的向自己發出靈魂拷問：「我為什麼要做這件事？我希望它產出什麼樣的成果？」這個過程會讓你目標明確，減少學習過程中因疲累產生的對抗情緒。而階段性的成果交付，也能讓你以最小的成本、最快的速度知曉自己習得的技能是不是市場需要的。

我現在經常運用衝刺思維管理工作，受益頗多。今年我的工作異常忙碌，除了本職工作生涯諮詢、高管教練（按：專門幫助企業家不斷超越自我，引領企業持續發展）外，每個月還要完成簽約的固定篇數稿件，與讀者互動。我每天都會問自己三個問題：妳昨天為衝刺階段做了哪些事情？妳今天要為衝擊階段做哪些事情？執行過程遇到了哪些障礙？如果有障礙，迅速排查，確保工作進度。如果沒有障礙，全力以赴完成衝刺階段任務。

完成超越完美

戴爾．卡內基（Dale Carnegie）在他的演講中說道：「零星的時間，如果能敏捷的加以利用，可成為完整的時間。」衝刺思維的精髓是在較小的時間顆粒度內產出成果。敏捷利用時間，這才是職場競爭力的本質。

塑造衝刺思維，需要四個步驟：

1 建立最小可交付意識

你在一項工作或學習中投入大量的時間和資源，但最終卻沒有產出任何成果，這樣的投入是無效付出。產出不一定是重大成果，它可以是最小可交付成果。為什麼是最小可交付呢？因為很多時候，你會發現計畫沒有變化快。

比如，你幫客戶做裝修方案，你給他終稿，他會告訴你這不是他想要的風格，你就得推倒重來。所以，你需要一個在早期就能夠給客戶看到的初級版本。它要能拿得出手，又不至於耗費你太多資源，也無須搞得很複雜。這個初級版本能夠幫你澄清客戶的真實需求，避免你把時間和資源浪費到不必要的地方。

2 詢問回饋，交互替代升級

你把初級版本交給合作方，然後進入衝刺的第二階段。你可以積極詢問合作方的意見，放下防禦思維，不要怕被否定，根據回饋不斷交互替代升級你的產品或方案。

3 遷移資源或技能

在衝刺階段，不要忘了盤點一下，你原來的資源和技能有哪些可以遷移到現階段的工作任務中。比如，我和出版方簽訂圖書出版合約後，我會制定階段性的衝刺目標，儘管我不是專業作家，但我發現過往的很多知識和技能都可以遷移，十餘年的人力資源和生涯諮詢實戰經驗，使我能夠從個人成長的視角剖析職場。

4 進行覆盤

階段性的衝刺結束後，你得問問自己：「我從這一階段的工作任務中學到了什麼？這次的階段性成果和我當初預想的有無差異？下一個衝刺階段需要注意什麼、提升什麼？」這種有系統性的覆盤，能夠幫你校正方向，也可以時刻提醒你去深度思考一些方案策略的利弊。

總之，衝刺思維不要求人們一次就要把事情做到位，而是在較短的週期內不斷重複「產出最小可交付成果、持續回饋、交互替代」這樣的循環，並最終交付滿足客戶需求的產品。

刻意學，一年頂十年經典語錄

對於普通人而言，完美主義是最沒有必要的。

第四章

職場贏家這樣學，一年頂十年

01 避險的最好辦法，是學會承受小風險

美國麻省理工學院媒體實驗室的前負責人伊藤穰一認為，從二十世紀末開始，人類就已經進入「指數時代」。在指數時代，技術的變化速度會超過人類的適應速度。

我們每天都在接收大量的資訊，這裡面蘊含著無數的機遇。但那又怎樣？如果你不能精確識別這些資訊，對趨勢做出正確的判斷，就算是機遇擺在面前，也是徒勞的。所以，全面了解並運用「趨勢判斷思維」異常重要。

看得見，看得懂，追得上

九〇後女生蕭涵月從小追求美麗精緻的生活方式，她對家居環境的整潔程度有著近乎苛刻的要求。大學畢業後，蕭涵月留在北方某市做技術工作。二〇一五年，她在媒體上看到日本主婦近藤麻理惠，透過獨特的家居整理方法成為聞名的整理大師，並被美國《時代》雜誌（*TIME*）評選為影響世界的一百人之一。

一直以來，蕭涵月都覺得家居整理不過是一個人的基本生活技能，從來沒想到過，這樣的技能居然能發展成一個如此美好的職業。在那一刻，她感覺像在黑暗中看到了一束光。

從兼職到全職，在向整理師轉型的路上，蕭涵月遇到的最大困難就是家人的不理解。在他們的觀念裡，整理師不就是幫人收拾屋子的保母嗎？大學畢業的女孩要放棄體面的技術工作做這個，他們無論如何也接受不了。但面對家人的質疑甚至指責，蕭涵月還是咬牙堅持了下來。她利用業餘時間學習專業知識，沒有接單的那段日子裡，她在自己家、朋友家反覆演練收納整理的各種方法和技巧。慢慢的，蕭涵月開始有了訂單，隨著口碑的傳播，她的業務量也開始增加。

一開始，她為客戶提供家居整理的服務，每小時收費一千兩百元，後來又拓展了陪同購物、形象顧問等服務，月入近八萬五千元。整理師這份工作帶給蕭涵月最大的收穫就是：她不僅幫客戶進行家居整理和收納，也在引導客戶調整自我，養成健康有序的生活方式。整理的過程也是對人生的梳理，這讓她特別有成就感和價值感。

如今，蕭涵月早已辭掉技術員的工作，全職做整理師。每一個工作日，都是在做自己喜歡的事情，這讓她覺得人生無比精彩。蕭涵月的經歷，印證了趨勢判斷思維在職業發展中的重要作用。所謂趨勢判斷思維是，人在時代趨勢中能正確看待現實事物，及由此表現出的行為方式。

趨勢判斷思維透過選擇的形式將其價值觀付諸事件。看得見，看得懂，追得上，讓蕭涵月在變局中成功破局。

人的最大壁壘，在自己腦子裡

與蕭涵月相反，蔡青林的職業生涯卻一直在困局中打轉。如果當年沒有讀「總裁班」，蔡青林現在還是「土豪」一枚。然而，他非常熱愛學習，並願意緊跟趨勢。總裁班聚集了不同行業的大小老闆，他們經常交流分享專案投資資訊。有人張羅了一個兒童教育培訓專案，蔡青林抵押了廠房投了錢。

他認為在二胎政策放開的中國，兒童教育培訓的前景十分看好。在沒有成功運營經驗的基礎上，專案在北方全面鋪開，各地迅速建立起分校，又迅速一敗塗地。蔡青林抵押廠房想幹一票大的，結果失敗收場，他的廠房也沒有了。欠了一身債的他只好開了一家燒烤店維持生計。我問他：「老蔡，你是學過企業管理的人，比總裁班那些同學們都還懂……」。

蔡青林拿著菜單，眼皮抬也不抬：「管理有什麼用？一切取決於實踐。要不要來幾串醬油筋？今晚特價……」。

人的每一次錯誤，要麼是對趨勢做出了誤判，要麼是在正確的趨勢中表現出錯誤的行為方式，這些都會讓你陷入困局。所以，在不斷發展變化的時代，能力和勤奮固然重要，但還需要掌握住這個時代獨有的特點。伊藤穰一提出，**指數時代有三個特點：一是不對稱性，二是複雜性，三是不確定性**。

▣ 不對稱性

不對稱性是指「以小搏大」。過去，以小搏大經常出現在投機領域，指用小成本換來大價值。在指數時代，以小搏大被有識之士廣泛用在生產經營中，借力發力，四兩撥千斤。它打破了人們的慣性思維：規模決定一切，規模大的企業會戰勝規模小的企業。在指數時代，經常會出現以小搏大的反例。

比如，傳統媒體與新媒體。在過去不到十年的時間裡，傳統媒體在傳播方式和技術方面都被新媒體遠遠的甩在後面。一些初創的新媒體公司，可能只有幾個人、十幾個人，但其戰鬥力卻不容小覷。他們透過互動傳播為受眾提供個性化內容，極大的影響了人們的生活方式甚至輿論的走向。

為什麼會出現這樣的不對稱性？歸根結柢是互聯網讓一些邊緣的、小眾的東西可以瞬間聚集力量。一家初創小公司，可能會顛覆一個行業。

▣ 複雜性

不對稱性導致的結果就是複雜性，即世界處在一個複雜的系統裡，各個事物的頭緒多而雜，且相互影響，難以分析。過去，複雜系統的演化並不快。就拿諾基亞公司來說，它成立於一八六五年，從伐木、造紙等領域到成為手機製造商，並在長達十四年的時間裡保持手機市場霸主地位。諾基亞的衰落是從智慧手機研發的落後開始的。從二〇一二年第一季度手機銷量被三星超越，到二〇一四年四月完成與微軟公司的手機業務交易，正式退出手機市場，不過短短兩年的時間。

諾基亞的興衰充分說明，受互聯網的影響，我們面對的系統的複雜性，比以往任何一個年代演化得都快。

▣ 不確定性

不確定性是指對於未來的狀態不能確知。十年前，我所在的集團公司與國內某知名諮詢公司作管理諮詢專案，對方為集團設計了長達十年的戰略規畫。現在看來，除了最開始那一兩年執行得有板有眼，其他的早已在時代的變化中面目全非。因為，你永遠不知道下一秒會發生什麼。

你也許會問：「不對稱性、複雜性、不確定性和我有什麼關係？我就是個普通的職場『小萌新』（按：指一知半解的新手）！」

事實上，指數時代的這三個特點，直接關乎我們的未來去向。在這個快速發展變化的時代，人們已經不能根據過去的事情來判斷未來某件事情的發生機率。越來越多的事情不可預測，時代推著我們必須去面對這個問題。

在無法預測未來的前提下，無論是商業經營還是個人職業規畫，你的趨勢判斷思維將決定你在時代的洪流中是折戟沉沙還是逐浪潮頭。

小風險，有副作用但不致命

將視角轉回職場。在指數時代，如果未來是不可預測的，我們該如何制定職業發展規畫呢？

答案是：沒有標準的答案。但是我們可以換一種視角，如果沒有標準答案，至少有我們可以參考的原則。

■ 概數大於確數

概數是指大概準確的數字；確數就是指準確的數字。用在這裡是指，基於未來的不確定性，你不可能拿到一張確定的職業規畫藍圖，一路順順利利走到終點。職業規畫更像是一個方向圖，你能做的是，借助這個方向圖，在探索中不斷糾偏調整。

■ 學會承受「不致命」的風險

不少人職業發展失敗不是缺少機會，而是看到了機會，沒追上。他們希望把百分百的安全係數帶上路，一有風險就後退，最後只能原地踏步。

實際上，**防範風險的最好辦法不是零風險，而是學會承受小的風險**。你可以這樣理解「小風險」：像疫苗一樣，有副作用但不致命，而且會不斷刺激你的免疫系統。

■ 用實踐檢驗認知

理論陳舊得太快，所有的理論都試圖告訴你這個世界是什麼樣的，但你要想看到世界真實的模樣，最簡單可行的辦法是：小步試錯，在實踐中檢驗對錯，調整認知。

▣ 拿出持之以恆的韌勁

在指數時代，韌勁體現的是化解風險、保持應變的能力。有足夠韌勁的人不僅能順利從失敗中恢復過來，還能笑著堅持到最後。

如果用趨勢判斷思維覆盤一下你此前的職業生涯，曾經讓你困惑的一切，可能會變得更加簡單通透。再用趨勢判斷思維往未來推進十年，你會發現，未來的十年會是一個知識全面擴大的十年。

從來就沒有一勞永逸的進步。李開復說：「在與強大的人工智慧競爭的過程中，人類必須變成創新型學習者，無論是理工科學的發明，還是人文藝術的創意，否則將會被機器無情取代。」在這樣的趨勢中，我們每個人，真的需要好好修練自己的趨勢判斷思維。

刻意學，一年頂十年經典語錄

防範風險的最好辦法不是零風險，而是學會承受小的風險。它就像疫苗一樣，有副作用但不致命，而且會不斷刺激你的免疫系統。

02 不要隨意跳出舒適區

「舒適區」這個概念，很多人都聽說過。它指人經常性表現出來的思維習慣和行為模式。人在這個區域裡會感到熟悉、放鬆、舒適，因為很多事情都在自己的掌控之下。不少人認為，人要變得更好就必須克服內心的恐懼走出舒適區，到自己不舒服的地方去。

做生涯諮詢時，經常遇到一些隔三差五（按：間隔三、五天）的換工作的來訪者，問他們為什麼頻繁換工作，不少人給出的原因是：「逃離舒適區才能更好的成長。」

我發現人要想變得更好，取決於人的狀態與環境是否適配。舒適區最大的作用是「避風港」，它能讓人情緒穩定、遠離焦慮。實際上，不少人的職業成就是在舒適區取得的。正確認知舒適區，就已經邁開了讓自己成長的第一步。

處於舒適區未必是壞事

河南浚縣有個叫宋楷戰的手藝人，他是中國非物質文化遺產「泥咕咕」（浚縣民間泥塑小玩具）的傳承人。宋楷戰小的時候沒有玩具，便經常玩泥巴，做泥咕咕。他做泥咕咕捏什麼像什麼，趕上廟會時還能拿去賣了賺點零用錢。

初中以後，隨著課業負擔的增加，父母不允許他做泥咕咕了，他便躲在房間裡偷偷做。有一次，父親發現他藏在床底下的泥咕咕，一氣之下，將他所有的泥咕咕都摔得粉碎。但這並沒有阻擋他對泥咕咕這門手藝的熱愛。初中畢業後，宋楷戰嘗試著做了很多種工作，但總是感覺那些工作不是自己擅長的，也不是自己想要的。二〇〇六年，隨著泥咕咕被列入非物質文化遺產名錄，宋楷戰迎來了人生的重大轉機，他被評為泥咕咕的傳承人。之後，他開始一頭栽進這個自己無比擅長的領域，一門心思研究起泥咕咕。

他組建了一個小團隊，開發泥咕咕系列產品，解決了村裡不少人的就業問題，並創造可觀的經濟效益。他還以農民藝術家的身分被大學聘為客座教授，在大學推廣中國的傳統文化。宋楷戰無疑趕上了一個好時代。但是，如果沒有當初對這門手藝的堅持，他也無法接住時代拋來的橄欖枝。

這讓我想起做生涯諮詢時遇到的一些來訪者。他們認為一件事做得很熟練就沒意思了，應跳出舒適區，去另外一個領域嘗試。我不同意這個觀點。職場十幾年，我發現不少待在舒適區，堅持做自己擅長的事情的人，做得越久，在該領域就越獨特，也就越容易取得成功。你也許會問：「世界是多變的，待在舒適區不求變化，豈不是要被時代淘汰？」

是的，沒錯，人類的每一次重大進步，都是在探索舒適區以外的可能性。可以說，探索新的可能性是人類的天性。而我說的待在舒適區也能取得成功就在於此：正確喚醒你大腦裡的探索系統，尋找更多可能性。注意，是正確的喚醒，而不是隨意的喚醒。

無為還是有為？舒適還是焦慮？

在人類大腦的前額葉皮層和腹側紋狀體之間分布著一片神經網路，它是人類的探索系統。這套系統的作用，是使人們感覺接下來要做的事情充滿意義，激發人們對外探索的欲望，讓人們主動離開舒適區。探索系統，就是人類保持進取的精神發動機。但是探索系統並非無懈可擊，它也有弱點。倫敦商學院組織行為學教授丹尼爾．凱布林曾經總結**人類大腦探索系統的三個弱點：厭惡約束、懼怕懲罰、放大恐懼**。

吳啟辰是一家大公司的技術經理，後來被一家創業公司高薪聘請做技術總監。他認為努力為自己的職業探索更多的可能性，才能保持進步。

剛到職時，他激情滿滿，但時間長了，他就厭煩了。他發現受限於公司規模，自己的很多「招式」在新公司都用不上。他感覺處處受限，無法施展，就喪失了剛入職時的熱情，最後離開這家公司。

吳啟辰的經歷並非個案。也就是說，人一旦受到外力約束，探索系統的活躍度就會大大降低。

董予寧在一家上市醫療機構工作，收入不錯還很穩定。有一次，他參加創投俱樂部舉辦的活動，看到年輕人的路演，突然感到自己的創業之火也被點燃，彷彿有一種使命在感召自己。他不顧家人的反對，辭職加入一個創業團隊，經過辛苦打拚，一年後本錢虧盡，創業失敗。失敗沒有讓他一蹶不振，倒是來自家人的責備讓他承受了人生中最艱難的時刻，他甚至一度罹患憂鬱症。後來，他找了份工作，掐滅創業的火苗。

探索系統並不害怕失敗，它也能承擔失敗帶來的挫敗感，但是它害怕懲罰，特別是當懲罰來自親密關係時，人們的探索欲會極大的降低。

懲罰會引發一系列連鎖反應，這就是探索系統的第三個弱點，它會不自覺的放大恐懼。董予寧創業失敗，虧掉了他和妻子的所有積蓄，妻子絮絮叨叨，總是舊事重提。這件事，給他造成了心理陰影。他警告自己，安分守己，好好工作，不要心存妄念。有一次，有個朋友提出合夥做一個專案，他本能的回絕了。他發現自己再也沒有當初的探索欲望，他說自己壓根不適合創業，一提起創業就本能的恐懼，變得畏首畏尾。

說到這兒，你應該發現，我們以往引以為傲的「跳出舒適區」，雖然在一定程度上讓人類獲得了更多的生存優勢，但是過度的強調跳出舒適區是一種冒進的策略，它很容易讓人跳進能力的陷阱。有些陷阱，你可能會爬出來；而有些陷阱爬不出來，你的人生便開始倒退。當然，人們不會放任人生倒退。於是，不少人選擇待在舒適區喚醒探索系統，讓人生蓬勃向上，擁有更多可能性。

不做你擅長的事情，你就不是你了

待在舒適區裡喚醒探索系統，這個方法非常適合手藝人。提起手藝人，人們馬上想到的是各類工匠，比如，廚師、木匠、鐵匠等。其實，現今手藝人的概念已經非常廣泛，只要嫻於一技，並以此為生都算。「得到」App創始人羅振宇曾經否定掉貼在他身上的很多標籤，最終選擇手藝人這個身分。他說：「我不是老師，不是文藝青年，我是手藝人，有自己的專業，我的專業叫『知識轉述』。」在舒適區喚醒探索系統有兩個方法：

▣ 強化長板優勢

你可以透過成就事件法，看到自己獨特的優勢。具體步驟如下：在一張白紙上，寫下你做過的最有成就感的三件事，以及這些事為什麼讓你有成就感。描述得越詳細越好。寫完之後，從這些成就事件中提煉你運用到的能力、展現出來的品質，並在以後的工作中刻意使用這項能力，使能力不斷被強化。一旦你感受到自己的優勢，你就總是會想運用它，探索系統就會被喚醒。

▣ 建立危險隔離區

什麼是危險隔離區呢？舉個例子就很容易理解。

來訪者白佳林是一所職業技術學院的老師，她厭倦了按照學校的時間表機械化上班的日子。她心理學底子不錯，幾年前還考了心理諮詢師的證書，她希望自己將來能靠心理學的專長做自由職業。

白佳林的本職工作雖然不輕鬆，但也不算太累；薪水雖然不高，但是福利健全。她不想因為一時的冒進丟掉工作，所以決定以最小的試錯成本去嘗試新領域。她利用業餘時間與平臺合作，接線上心理諮詢的訂單，同時給一些心理學公眾號撰稿。目前副業的收入已經達到主業的四成。

她給自己定的目標是，一旦副業收入達到主業的八成，就可以考慮辭職來做。這就是危險隔離區。在這個隔離區裡，你可以充分證明自己。即使失敗，也不需要承擔多麼嚴重的後果。在這裡，探索系統懼怕懲罰、放大恐懼的弱點會縮小，它會重新活躍起來。

實際上，每一份工作，都無法讓你收穫一個完美的選擇。無論做什麼工作，你都要遵循核心競爭力原則。**所謂核心競爭力，你可以簡單的理解為：一件事一百個人做，你能處在前十名**。如果你能找到一兩件這樣的事，這就是你安身立命的根本。**你很擅長它，它就是你的舒適區，千萬不要輕易放棄它**。你不再做你擅長的事情，你就不是你了。

刻意學，一年頂十年經典語錄

一件事一百個人做，你能處在前十名，就表示你很擅長它，它就是你的舒適區，千萬不要輕易放棄它。

03 往桌前坐，然後展示自己

瑞士心理學家卡爾・榮格（Carl Gustav Jung）在一九二一年出版的《榮格論心理類型》（*Psychologische Typen*）一書中，提出內傾型和外傾型這兩種性格類型。榮格認為，內傾型（內向型）的人，重視主觀世界，好沉思，善內省，常常沉浸在自我欣賞和陶醉之中，孤僻、缺乏自信、易害羞、冷漠、寡言、較難適應環境的變化。

性格是一個人較為穩定的心理特徵，很難改變。但是我們可以在了解自己以後，想辦法改變工作方法，盡可能做一些積極有效的改變。

公司為舉辦一個促銷活動，成立了臨時專案小組，展廳和宣傳展板需要設計。專案負責人老何到設計部借調員工，設計部把海嘉派了過去。老何對她沒有太深刻的印象，只記得是剛來的新人，如果不是設計部負責人介紹海嘉的情況，他連她的名字都忘了。

老何有點不滿：那麼多優秀的設計師不派給我，偏偏指派給我一個默默無聞的「新兵」。他想跟設計部協調，換個精明幹練的老員工，但是被設計部負責人以「老員工都在忙專案」為由搪塞了回來。

海嘉幹活很賣力，這點倒是出乎老何的意料，只是她太內向了，平時少言寡語，與同事們欠缺溝通。有次海嘉生病請了一天假，第二天早上開會時，海嘉滿臉歉意的解釋道，耽誤的那部分工作會加班趕上，不會影響整體進度。如果不是她自己說請了一天假，很多同事根本就沒發現。她每天都是悄悄的來，靜靜的走，就連生病缺勤也毫無存在感，無人問津。

直到海嘉展示設計成果時，老何不禁暗自讚嘆：海嘉是個人才啊！她的設計風格輕快明朗，最大的亮點是，除了平面設計，她還擅長手繪和漫畫。她在兒童區布置了多幅俏皮可愛的漫畫，這些漫畫都是她原創的。借調結束時，老何給海嘉的評語是：「極強的創作能力，不計得失的奉獻精神。但是適當的時候也要展現一下自己，不然別人根本不知道妳做出哪些成績。」

生活中，像海嘉一樣有才華的年輕人還真不少。他們往往工作能力不錯，也很勤勉，可是存在感總是很弱，經常被忽視。很多人稱他們為「隱形人」。這類型的人，通常性格都比較內向。我給海嘉做職業輔導時，她對我說，自己平時特別「宅」。放假時寧可在家追劇、看書、畫漫畫，也不願意參加社交活動。公司部門的聚會，她能躲就躲，她覺得在人多的地方待著特別疲憊。海嘉很苦惱，她不想因為性格內向，活成一個「小透明」。

千里馬常有，但伯樂不常有

心理學研究顯示，無論是內向還是外向，它都只是性格偏好，並不影響一個人的職業成就。很多世界名人都是內向者，比如，股神巴菲特（Warren Buffett）、美國前總統歐巴馬（Barack Obama）、微軟創始人比爾・蓋茲（Bill Gates）等。這表示，性格內向的人，也可以成為非常卓越的領導者。

但是，一個人過於內向的話，就特別容易被邊緣化。如果說獨處是自我發現之旅，那麼社交則是自我實現的管道，社會和人際交往反映了一個人的外在價值。

內向型的人在工作中常會遇到一些挑戰：

▣ 被別人誤認為是無能之輩

對於不熟悉的人，人們往往會透過表象對這個人做一個初步的判斷。如果你不展示自己的成就，就很容易被別人誤認為是無能之輩。

早些年，我有個部屬，性格特別內向，如果不是我最得力的助手推薦她，我可能根本不會考慮在集團人力資源部給她安排重要的職位。正式下達調令前，我跟她有過一次深談，發現她對工作有頗為獨到的見解。特別是在一些落實執行的環節上，她的建議都非常可行。調到集團後，我經常把一些重要的工作交給她，她也慢慢嶄露頭角。

所以，**當我們總是抱怨自己一身本領卻不被主管賞識時，也該反思一下：你有沒有向主管展示過你作為「千里馬」的實力**。

▣ 質疑自己

通常，內向的人不太懂得拒絕別人。儘管有時候他們的工作已經飽和，但是對於主管安排的工作任務或同事的請求，他們都很難拒絕。這種矛盾的心理和超量的工作任務，會給他們帶來極大的工作壓力，當他們在高壓的情境下，沒有把工作完成好時，就會開始質疑自己的能力。

▣ 可能喪失一些職業機會

內向的人通常不太擅長處理人際關係，特別是在一個新環境，他們往往會感覺到不自在，不願意展示自己。他們習慣把自己封閉在一個較為熟悉、安全的環境裡，他們樂於獨處而不喜歡「群居」。過窄的交際面，往往會讓他們喪失一些職業機會。

■ 沒有存在感，經常被人們忽略

內向的人往往喜歡躲在角落，他們不想成為大家關注的焦點。所以，很常見的情況就是，你越躲藏，就越沒有存在感，直到被大家完全忽略。如果人們提起你時一臉問號：「誰？沒有印象啊！」、「哦，知道了，XX部門新來的那個，名字我想不起來了。」這樣的職場小透明，很難有被委以重任的機會。特別是剛進入新公司或新部門，你業務不熟悉、流程不熟悉、要是連人脈都不熟絡的話，就會被迅速邊緣化。

臉書的營運長桑德伯格（Sheryl Sandberg）在她的自傳《挺身而進》（*Lean In: Women, Work and the Will to Lead*）中也提到了這樣的觀點：往桌前坐。如果我們不站到桌前展示自己，那麼機會就會旁落別家，我們的價值就無從體現。

如何提高你的存在感

你有沒有觀察過身邊的同事？有的人一開口，就吸引了別人的注意力，讓人無法忽視，這就是存在感。提升存在感，可以幫助你獲得認可，升職加薪。那麼，內向者怎樣才能提高存在感，在工作中脫穎而出呢？其實，無論是內向性格還是外向性格都是可以管理的。成功者就是能把弱點變成優勢。你可以嘗試用以下的方法管理內向性格：

▣ 給自己設置一些有挑戰性的工作場景

設置有挑戰性的工作場景意味著你要能夠放眼舒適區之外。海嘉的舒適區是「宅」，她覺得躺在沙發上吃洋芋片、追劇、看書比參加社交活動舒服。這樣的生活沒什麼不好。但是職場是遵循著人際關係運轉的巨大機器，它不會像家裡那樣溫情脈脈，它有時很殘酷。所以，我們需要依靠強大的理性，給自己設置一些有挑戰性的場景。比如，不擅長社交，就要給自己設置一些有社交活動的場景。慢慢推著自己去放鬆、去適應。一旦突破了自我限定，可能就會迎來全新的機會。

▣ 提前做好準備

內向型的職場人，會在公開場合感覺壓力很大，比如開會、公開演講、社交酒會等。如果你提前做足準備，對答案很熟悉，就會大大降低自己的緊張程度。

二〇〇六年，我參加了國際職業培訓師的認證培訓。那個培訓每學完一個模組的內容，就要上臺做三分鐘展示。第一次上臺時我緊張得大腦一片空白，嗓音都顫抖了，一邊說著上句，一邊想著下句說什麼。晚上回到酒店後，我把教材裡需要做展示的部分重點標注出來，列出演講大綱，對著鏡子練習了很多遍。

後面的幾天，我發揮得越來越好，因為準備得比較充分，上臺就不會慌亂。同樣的道理，內向者不擅長臨場發揮，他們遇到的很多問題都是由於自己對所要面臨的情況不熟悉，所以才產生了慌亂情緒。因此，**內向者要應對壓力，首先就是要做好準備工作**。

▣ 帶著解決方案找上司

很多職場新人希望早點做出成績來證明自己。其實，你的業績並不一定要轟轟烈烈，一些可以迅速做出的小成果也可以讓上司注意到你。無論是大成果還是小成果，它都意味著你向上司交付的是解決方案。**有技巧的展示自己，才能在職場快速立足**。

法國作家莫泊桑說過，人的一生，既沒有想像的那麼好，也沒有那麼壞。生活中，我們不可能完全順從自己的本性，總是要做出妥協和讓步，在不斷磨合中適應環境。

刻意學，一年頂十年經典語錄

當我們總是抱怨自己一身本領卻不被主管賞識時，也該反思一下：你有沒有向主管展示過你作為「千里馬」的實力。

04 為什麼你的薪水總停在自己的「底線」

嘉賀的前老闆是個工作狂，而且特別會壓榨員工。他會在下班前開會或分配工作任務，讓人不得不加班才能完成工作。他也經常把嘉賀出差的時間安排在晚上。乘坐一夜火車第二天一早就能抵達目的地，辦完事再乘坐返程的夜車回來，隔天早上下火車還來得及上班。

他精明的計算著花在員工身上的每一分錢，並希望員工能像他一樣，對工作充滿發自肺腑的熱愛。嘉賀最不喜歡的是公司的氛圍，在這裡，每個人都過著「提心吊膽」的日子。公司將辦公區劃分為A、B、C三個區域。業績最好的員工坐A區，業績中間的坐B區，業績最差的坐C區。

每個季度根據業績排名，員工的座位會重新調整。嘉賀的座位一直在A區和B區間移動，從沒進過C區。但他親眼看見過C區員工像顆棄子般的壓抑、無奈、憤怒及被迫離職。儘管公司從來不會主動說「解僱」這兩個字。

最早，他像其他人一樣希望好好做業績，等著升職加薪，每天拖著沉重的步伐，不停的加班加鐘點。漸漸的，他開始對這樣的公司氛圍感到厭倦。嘉賀決定換一份工作，考慮到新工作的不確定性，為了穩妥起見，他事先做了一些準備工作。特別是關於薪資談判方面，他給自己設定了一個底線，一旦對方給出的薪水低於這個底線，自己絕對不會跳槽。

談判是一場意志力的較量

經過幾番篩選，有一家公司對嘉賀的能力比較滿意，嘉賀對這家公司也比較感興趣，接下來開始談薪資。對方問他的薪資要求。嘉賀說出自己目前的薪資待遇，並希望到這家公司後能在原薪資上再加兩千元。對方只同意給嘉賀多加五百元。嘉賀考慮了兩天，覺得沒有低於自己的底線，就答應對方。

到職後嘉賀才知道，與他一同報到的幾個同事，薪資比他高一千到兩千元。公司有調薪的政策，每年漲幅五％到八％，由於嘉賀的薪資基數沒有那幾個同事高，所以薪資一直處於中下游的水準。嘉賀搞不明白，論能力自己不比同事差，怎麼起薪定這麼低？

後來與人事部的同事混熟了，人家私下告訴他，招募定薪資時部門經理掌握著一定的浮動許可權，你自己不主動爭取，就只能接受較低的起薪。跳槽的第四年，嘉賀決定再換一家公司，考慮到之前薪資談判時吃過的虧，他不知道這回的薪資談判該怎麼開口，才能為自己爭取盡可能多的利益。

嘉賀在之前的面試中所採用的薪資談判策略，是很多求職者都會用到的。也就是說，在談判前，先為自己設定一個底線，再預估對方的底線，然後為自己爭取最大的利益，這其實是一種靜態博弈的策略。

靜態博弈有一個最大的誤區：即便對方給出的價格可以接受，但交易雙方總忍不住講價、比價。比如，嘉賀希望在原來薪資的基礎上加兩千元，這個標準面試官可以接受，但他仍然透過談判把漲幅降到了五百元；嘉賀給自己定的底線是不低於原來的薪資標準，儘管面試官給他加了五百元，他到職後仍然忍不住後悔自己當初怎麼沒多爭取一點。

這就有點像我們在菜市場買菜，賣家希望價格越高越好，買家希望價格越低越好。一番拉鋸戰，終於有一方做出了妥協讓步，談判彷彿成了一場意志力的較量。

薪資談判，你能為自己爭取多少利益

我們都知道，一旦上了談判桌，你提出了薪資要求之後，用人單位可以隨時改變預期和合作意向，這其實就是一個動態博弈的過程。

哈佛商學院教授麥克·惠勒教授（Michael Wheeler）說：「**成功的談判是由一連串小小的認同達成的，你需要判斷對方的利益點**。」比如，跟老闆提加薪時，你不能只在乎這次談判老闆必須給你加多少錢，還要顧及未來你與老闆的關係。談判要有轉圜的餘地，超過了這個轉圜的餘地，就容易談失敗。

我的來訪者老白，有一次收到業內一家非常有名的企業的面試邀約，他很開心的趕過去面試。幾輪面試下來，雙方都有進一步的合作意向，接下來開始談薪資。

這家企業的薪資中年終獎金占比很大，所以固定薪資比老白的預期低一些。老白認為年終獎金具有不確定性，所以希望多爭取一些固定薪資。談判下來，對方答應了老白的要求。之後面試官問老白：「你還有什麼問題要問我的嗎？」

老白說：「我目前在職，手頭還有個專案，希望公司能准許我兩個月後報到。」面試官沉默了一會兒說：「這件事我需要跟老闆彙報後再做定奪，晚幾天答覆你。」幾天後，老白接到對方的電話，這個職位已經找到合適的人選。對方客氣的表示：「你很優秀，以後有機會再合作。」

其實在整個談判過程中，老白的進展是很順利的，他為自己爭取到更多的固定薪資。另外，那家企業無論是行業影響力還是員工福利，都比他現在的企業好。老白之所以要求兩個月後到職，是因為他希望在原公司拿完季度獎金再走人。事後他非常自責，已經找到那麼好的工作機會，不見好就收，非要那麼貪心。

在薪資談判中，很多人都明白「見好就收」的道理，但到底什麼是「好」，好到什麼程度該「收」，大多數人都把握不好這個尺度。這其實需要我們判斷：在談判中，如果你想爭取更多的利益，那麼往前走一步能夠爭取多少？談攏的可能性有多大？失敗的可能性有多大？如果談失敗了，對你的損失有多大？對於那些不是十分心儀的職業機會，你可以大膽去試探，為自己爭取利益。但對於非達成不可的交易，你必須謹慎的判斷交易雙方能夠有轉圜的餘地。

除了談薪資，你更應該談談機會

在動態博弈中，怎樣才能更好的達成一致呢？麥克・惠勒教授認為，學會識別「等效交易」是一個非常實用的方法。等效交易就是和你預期的基準交易相比，一些方面不如基準交易，但在另外一些方面比基準交易好，總結來說就是和你預期的基準交易差不多的交易。舉個例子：

過節了，公司發福利，你想要的是A方案：醬油＋米＋一箱牛奶。現在A方案中的牛奶備貨不足，換成B方案也可以：醬油＋米＋熟食提貨券，你認為熟食提貨券比牛奶要好。那麼牛奶和熟食提貨券就是等效交易。

放在薪資談判中，如果我們能夠學會識別等效交易，就會擁有更多的機會，謀取更多的利益。我有個來訪者蘇琳，在一家外資企業上班，雖然蘇琳對於現在的薪資還算滿意，但是由於晉升空間有限，她也在留意更好的工作機會。最近，獵頭公司聯繫蘇琳，為她推薦了一個工作機會。為了穩妥起見，我和蘇琳一起制定了一個薪資談判方案。

蘇琳希望跳槽後，自己的薪水能夠上調二〇％。所以我們把她薪水上調二〇％之後的年薪一百二十六萬元和基本福利作為基準交易。如果對方不能直接給到這個薪資標準，可以從福利、股票、職位等方面要求對方做更多的讓步。比如：

方案一：年薪一百二十六萬元＋基本福利。

方案二：年薪八十四萬元＋部分股權＋基本福利。

方案三：年薪一百六十八萬元，可以接受較少福利和經常加班。

這幾個方案的制定，其實就是參照了麥克·惠勒教授的等效交易原則。通常人們在薪資談判時都會把目光聚焦在薪資標準上。實際上，如果對方不能滿足我們對薪資的期待，還可以從其他方面得到補償，這樣就能從多個角度為自己爭取利益。

每個求職者都希望在薪資談判中獲得更高的薪水，但有時我們既缺乏力量，也不夠決斷，這種追逐的結果必然是痛苦多於歡樂。所以，在薪資談判中，準確的識別「等效交易」對成功談判至關重要。

每個人都對你說要找到方向，你要思考自己真正想要的是什麼。**談工作不僅是談薪資，更應該談機會**。正如未來學大師艾．托佛勒（Alvin Toffler）所言：「一個明智的人總是抓住機遇，把它變成美好的未來。」

刻意學，一年頂十年經典語錄

成功的談判是由一連串小小的認同達成的，你需要判斷對方的利益點。而談工作不僅是談薪資，更應該談機會。

05 人生與工作，都需要「覆盤」練習

身為上班族的你，有沒有遇到過這樣的困惑：感覺很迷茫，不知道自己喜歡做什麼。換了幾次工作，還是沒能找到自己喜歡的方向，依然在基層單位打轉。這個時候你應該做什麼？裸辭出來尋找詩和遠方？抱怨運氣太差沒有機遇垂青於你？

錯！這時候你最應該做的，只有一件事：在清醒、冷靜的狀態下，來一次職業生涯「覆盤」之旅。職場十幾年，我發現，那些取得較大職業成就的人，普遍具有較強的從經驗中學習的能力。他們擅長從過去發生的事情中萃取價值，這就是覆盤能力。**覆盤，是圍棋術語，也稱「覆局」**，指對弈結束後，覆演該盤棋的紀錄，以檢查對弈中招法的優劣與得失。**通俗來說，就是在頭腦中對過去所做的事情重新「過」一遍**。

在困局中備受考驗的覆盤能力

我的來訪者夏嵐是一位九〇後。工作五年多一直沒有太大進步。最近，她裸辭重新求

職，但屢屢受挫。她不知道該往哪個方向發展，希望借助幫助，找到自己想去的方向。

夏嵐說，坐吃山空的這段日子裡，她越來越沒有安全感，她迫切的渴望穩定。

我問夏嵐：「妳上一份工作總體來說不是挺穩定嗎？」

夏嵐說：「穩定，但那份工作不是自己喜歡的。」

我問她：「那妳喜歡什麼樣的工作呢？」

夏嵐想了想說：「一直在嘗試，但這麼多年過去了，還沒找到喜歡的工作。」

我仔細分析了夏嵐的簡歷，在五年多的職業生涯裡，她陸陸續續換了六份工作，每份工作的領域都不一樣，跨度特別大。夏嵐的上一份工作是資料分析師，是她做得時間最長的一份工作，差不多三年。之所以堅持了這麼長時間，是因為經過之前一系列的試錯，她發現，在她嘗試的眾多工作類型裡，技術類的工作薪水相對高一點。但是每天「上班如上墳」，對於這份工作她總是提不起精神，最終還是忍不住裸辭了。再一次踏上求職之路讓她心力交瘁，嘗試了很多方向，也投遞很多簡歷，還是沒有結果。

她說，畢業五年多，眼看當年一同步入職場的同學，要麼走上了管理職，要麼在技術領域做得很扎實，而自己到現在都不清楚未來的方向在哪，一想到這裡，她就特別著急。

生活中，你總會發現這樣一類人：他們不喜歡現在的工作，就盲目的切換工作領域，但在出發前，他們連方向都沒找到。不同領域的試錯，讓他們付出了高昂的代價。隨著時間的推移，除了年資增長了，他們的能力似乎沒多大長進。

為什麼會這樣？其實，造成這種職業困局的最大原因在於：他們從來沒有停下來認真的沉澱自己的經驗，審視自己的職業生涯。這其實考驗的是一個人的覆盤能力。

覆盤的人生，才能翻盤

聯想集團創始人柳傳志說：「在這些年的管理工作和自我成長中，**『覆盤』是最令我受益的工具之一。**」從上一段職業生涯中，總結成功經驗，吸取失敗教訓，這就是生涯覆盤。其實，在日常工作生活中，我們都在自覺和不自覺的使用覆盤這種方法。

老闆交代一項工作任務，覆命時，你發現老闆拿著你的方案皺了皺眉沒說什麼。你就會想：老闆好像不太滿意，是不是這個方案做得不太好？我當時是基於這樣的理念設計的方案，一、二、三、四部分，還有哪些可以做得更好？

有個朋友，很長時間不給你的朋友圈按讚了。你開始回想，我們上一次互動是什麼時候？之後發生了什麼事情？這件事是不是影響我們之間的關係？

研習結束後，你回顧一整天的學習內容，一邊整理筆記，一邊思考這次研習帶給你的收穫，有哪些知識可以應用到工作和生活中？

凡此種種，其實都是我們在使用覆盤的方法，只是很多時候，我們並沒有意識到這就是覆盤而已。每一個人，都可以透過覆盤自己的職業歷程，獲得成長。作家陳中在《覆盤：對過去的事情做思維演練》一書中提到，學習有三種途徑：向書本學習、向有經驗的人學習、自己過去的經驗和教訓覆盤。

這三種途徑在提升人的能力方面所起的作用分別是一〇％、二〇％和七〇％。可見，覆盤，是提升個人能力的最佳方法。總結是反思的開始，覆盤的人生，才能翻盤。不會覆盤，很可能工作五年，趕不上別人工作一年。

生涯覆盤四步走

回到夏嵐的案例中來。按照覆盤的流程，我們一起做了如下梳理：

1 回顧職業目標

我：「你的職業目標是什麼？」

夏嵐：「我的職業目標是找到一份自己喜歡的工作。」

我：「這樣的描述準確嗎？」

夏嵐：「不準確，很模糊。」

實際上，喜歡是指人對個體或事物有好感或感興趣。它可能是一種心血來潮的情緒，也可能是一種穩定的心理傾向。在回顧職業目標時，我們需要知曉：通常我們所說的對於一份工作的喜歡，是指這份工作與我們保持高度的內在一致性。也就是說，符合我們的性格、興趣、價值觀。

2 評估擇業結果

夏嵐的擇業結果是：五年多切換不同的領域，也沒有找到自己喜歡的工作。現在裸辭重新求職，仍然未果。因此，在追夢之前，先要為自己的夢想找準方向。

3 分析成敗原因

是什麼原因導致了夏嵐屢次求職都未能進入自己喜歡的職業領域？我邀請夏嵐跟我一起回顧幾個問題：你是什麼性格類型？你了解這種性格類型適合的工作特質嗎？你有什麼

興趣傾向？這些興趣傾向有什麼特點？適合什麼樣的工作場景？你了解自己的職業價值觀嗎？你最看重工作中的哪些要素？這些問題，夏嵐之前通通沒有想清楚。

討論澄清後，我們達成一致，夏嵐之所以一直未能找到自己喜歡的工作，是因為她的自我認知嚴重不足。對此，我給她做了專項職業測評。

4 總結生涯規律

最後，也是最重要的一步：總結規律。根據分析，我協助夏嵐一起列出幾條規律：

- 正確的職業選擇來自於清晰的自我認知，所以在出發前，要全面了解自己的性格、興趣、價值觀，據此鎖定適配度較高的職業領域。
- 僅是性格、興趣、價值觀的內在適配還不夠，勝任能力是一個人進入目標職業的現實保障，所以，還需要進行全面的能力盤點。
- 做現實的理想主義者。**找工作不能僅憑個人喜好，還要考慮現實可能性**。
- **有時候，你不喜歡現在的工作，不是由於工作不適合你，而是你的技能水準達不到工作標準，而導致職業適應力出了問題**。這個時候，最重要的不是換工作，而是修練技能。

- 如果你找到了自己喜歡的職業方向，但由於能力原因，一時還不能進入狀態，那麼，先做好手頭的工作也不失為一種明智的選擇。因為，大多數職位的通用技能（可遷移技能）差別不大。一個領域的高手，更容易遷移到另一個領域。從山頂起跳，你起碼也能落到山腰。

在職業生涯的發展中，漫無目的試錯，永遠不是最好的方式。所謂穩定，也不過是覆盤之後不斷升級的「謀局」能力。雷軍曾經說過，不要用戰術的勤奮來掩蓋戰略的懶惰。換句話說，做好生涯覆盤就是人生當中有技巧的戰略勤奮。透過覆盤，不但可以發現問題、總結反思、解決問題，還可以把經驗轉化為能力，讓自己不斷迭代，最終實現職場躍遷。

刻意學，一年頂十年經典語錄

在職業生涯的發展中，漫無目的試錯，永遠不是最好的方式。惟有覆盤的人生，才能翻盤。

第五章 你缺的不是努力，而是把興趣變現的能力

01 為什麼我的興趣不能當飯吃？

我整理了一下去年的一對一生涯諮詢個案，發現有不少來訪者在年後求職時都會有這樣的心態：目前的工作不是自己喜歡的，但是做了一些年頭，積累了不少經驗，有自己的興趣愛好，不知道能不能將興趣愛好發展成職業方向？

很多人都說，興趣是最好的老師，堅持去做你喜歡的事吧！但也有另外一個聲音時時刻刻在提醒他們：現在的工作挺好，起碼賺錢養家沒問題，貿然放棄有什麼好？萬一失敗了呢？在兩難中，他們搖擺不定。那麼，該不該根據興趣愛好來找工作呢？

不要讓興趣，左右了你的職業選擇

興趣愛好和職業有非常大的區別，所以並不是所有的興趣都能發展成為職業方向。我有兩個來訪者小A和小B，他們都有本職工作，但同時又都愛好寫作。他們是某個寫作訓練營的同期學伴。小A業餘時間在各大自媒體平臺上寫作，他很懂得讀者的需求，會根據讀者的需求反推自己應該輸出什麼樣的內容，所以經常寫出閱讀量不錯的爆文。後來，小A辭掉原來的會計工作，寫作技能調整了職業方向，找到一個不錯的新媒體編輯職位。

小B也會在業餘時間寫點東西，但不夠持續，而且輸出的內容都是從自己的視角出發，寫的都是自己的所思所悟。儘管他也有一些讀者，但他並沒有靠寫作創造商業價值。

可以說，小A有一個寫作愛好，而且還把它變成了一個不錯的職業。而小B，也有一個寫作愛好，但僅僅是個愛好而已。

這也印證興趣愛好和職業的第一個不同之處：**本質不同**。興趣愛好和職業最根本的區別在於，**興趣愛好的本質是自娛自樂，而職業的本質是交換**。

職業是參與社會分工，利用自身的技能專長，為社會創造價值，獲取合理報酬，作為物質生活來源，並滿足精神需求的工作。能否獲取合理的報酬，取決於你能否為社會創造價值，所以職業的本質是交換，是你在服務社會過程中的交換。而興趣愛好的服務對象是自己，與社會需不需要沒有關係，你自己喜歡就好。如果沒有把興趣愛好打磨成一項基本的職業技能參與社會分工，那就不太適合以此作為求職方向。

興趣愛好和職業的另一個區別就是，它們**承擔的責任不同**。工作賺錢，維持著我們物質生活的運轉。也就是說，**職業要承擔著生存壓力**。**而興趣愛好**就很簡單，它**不一定能給你帶來收益，甚至很多時候你還要倒貼錢**，比如，很多年輕人都喜歡旅行，旅行就是一個燒錢的興趣愛好，除非你成為靠旅行謀生的職業旅行家。

所以，如果你想把興趣愛好作為求職方向，那就需要考慮，這個興趣愛好有沒有給你創造收益，它給你創造的收益能扛起你的生存壓力嗎？如果答案是否定的，那就說明，它還不適合作為職業方向來探索，起碼當下不適合。當然，如果你的家境優渥，不需要考慮生存問題，那就另當別論了。

什麼樣的興趣，才能發展成職業

到底興趣愛好達到什麼程度才能發展成職業呢？新精英生涯創始人古典老師曾經提出過，當你把「消費型愛好」變成「生產型愛好」時，這個愛好才有可能發展成職業。簡單來說就是，**消費型愛好以消費有價值的事情為基礎，生產型愛好則是以產出價值為基礎**。

我有個來訪者，特別喜歡旅行，她目前是一家補習班的老師。她希望能夠將旅行這個興趣愛好發展成職業方向。我問她有沒有透過旅行賺到過錢，她說沒有。她說雖然旅行花了不少錢，但是自己很享受、很舒服、樂在其中。你看，這其實就是消費型愛好。

如果她能夠為某些專欄寫旅遊攻略，從而獲取稿費，那這種愛好就是生產型愛好。當然，旅行變現的方式不只一種。所以，求職之路，如果你總是放不下自己的興趣愛好，你可以先判斷一下你的興趣愛好到底屬於哪種類型。如果是消費型愛好，你可以琢磨一下它的商業模式，把它變成生產型愛好。另外，更需要關注的是，**它產生的價值是否可持續**。

興趣和職業，在什麼情況下可以兩全

在某些情況下，興趣愛好和職業是可以兩全的。比如，年輕時努力工作賺錢，財務自由後不為錢工作，只做自己喜歡的事。

有一類人，非常務實，他們有一個為之癡迷的興趣愛好，但是當興趣愛好不能產出價值時，他們便會選擇一個能養活自己的工作去做，並且把工作做得很好，兌現足夠多的財富，財務自由後再去追逐自己熱愛的事情。這時候，興趣愛好和職業兼得，達成兩全。而有些人的愛好，一開始就是生產型的愛好，只是在職業發展初期，這種興趣愛好的價值並不明顯。所以他們耐心的打磨這個愛好，慢慢的，這個愛好就越來越值錢。

我認識一個做高級成衣的女老闆，她年輕時非常喜歡時裝設計，但是自己沒有本錢開店，所以一開始是幫別人做服裝設計，慢慢的，手藝打磨得越來越精，之後就開始自己做高級成衣。後來她開了好幾家高級成衣訂製服裝店，生意做得很不錯。生產型愛好的長久打磨，也會讓興趣愛好和職業得以兩全。

很多人在求職時喜歡強調個人的興趣高於一切。在他們看來，只有做自己感興趣的工作，才能達到人生目標。實際上，他們從來沒有問過自己：我的興趣是真愛嗎？所以，求職時要不要把興趣愛好作為職業方向，你可以透過以下三個問題來澄清：

- 這個愛好是消費型愛好還是生產型愛好？
- 我能否能作為專業選手參與職業競爭？
- 把這個愛好變成職業以後，能不能養活自己？

理想很豐滿，現實很骨感，每個人都期待找到自己感興趣的工作，但前提是我們對現實要有清醒的認知。只有深度剖析自己，打磨技能專長，才能幫助我們做好職業選擇。

刻意學，一年頂十年經典語錄

如果你想把興趣愛好作為求職方向，那就先問問自己，這個興趣愛好有沒有給你創造收益，它給你創造的收益能扛起你的生存壓力嗎？

02 常換工作？因為你被「偽興趣」騙了

詩人木心的詩歌〈從前慢〉中有句話：「從前的日色變得慢，車、馬、郵件都慢，一生只夠愛一個人……」。

以前的人，感情有裂縫會先想修補，現在的人，感情有裂縫就想換。我說的不只是感情，工作也是這樣，一不喜歡就想換掉。這樣很容易陷入一個誤區，那就是：只要我願意嘗試，我一定能找到自己喜歡的工作。

但事實並非如此。你可能只是被工作表面的光環吸引，但並不是真正了解和喜歡它。你的興趣只是一時心血來潮，我們稱這種興趣為「偽興趣」。**偽興趣有兩個特點：一是持續時間短，二是遇到壓力就變形**。

將偽興趣當成真興趣，表面的努力只是感動了自己

我的來訪者白寧，最近糾結要不要準備考公務員。

三年前，白寧從一所大學的企業管理專科畢業，這個專科是父母選的，白寧並不喜歡。熬完了本科，白寧打算報考自己喜歡的藝術學系當研究生，但沒考上。無奈之下，她只好接受父母的安排，進入一家企業做經理助理。

經理助理的工作循規蹈矩，包含企業內外文件的發放、登記、傳遞、催辦、印章管理等，白寧覺得很無趣。她還需要為經理黏貼各種出差票據和整理資料報表，由於她對數字不敏感，工作經常出錯，沒多久，白寧就辭職了。

白寧覺得一份好的工作，薪水未必要有多高，但是起碼應該是自己感興趣的。她覺得老家地方小，機會少，大城市機會多，就跑去深圳闖蕩。白寧念念不忘藝術設計，所以在深圳找工作，也是朝這個方向。由於她既無專業基礎，又無實際經驗，只能從一些邊緣職位做起。

她先後在廣告公司做過客服、設計師助理，但是都因為無法適應公司經常加班而辭職。白寧認為，自己大概不是真的喜歡藝術設計，她想到自己平時愛好攝影，身邊的朋友中，就數她單眼相機玩得最棒，這或許能成為一個求職方向。於是她找了一份兒童攝影師助理的工作，主要是協助攝影師到客戶家為滿月的寶寶拍照。拍攝期間，要不停的逗寶寶開心、哄寶寶換衣服，由於是在顧客家裡拍照，還不時的要跟顧客閒話家常。

白寧是個未婚的女孩，而顧客談論的話題三句不離育兒經，她根本就接不上話，經常冷場。所以，這份工作沒做多久，她又辭職了。之後她找了一家婚紗店做攝影師助理，主要工作是協助攝影師在拍攝過程中提供燈光輔助、道具補充。這份工作經常需要搬動一些攝影器材和道具，白寧覺得女孩子不適合做這樣的粗活，沒多久又辭職了。

來深圳闖蕩，並沒有找到合適的工作，三番兩次的求職不順，讓白寧焦慮不已。畢業三年，看到有些同學已經在職場嶄露頭角，她心裡酸溜溜的：「要是能找到喜歡的工作，我也能發展得不錯。」

真正的興趣，不會讓你舒舒服服就有成果

白寧的情況和很多職場人如出一轍：工作沒做好，那是因為我不喜歡，換個喜歡的工作，一切問題就解決了。按照這個思路往外延伸，還能經常看到這樣的情境：專業科目沒學好，那是因為我不喜歡，如果能選擇我喜歡的科系，我也是學霸一枚。事實上，大多數人都會有意或無意的將個人行為，及其產生的結果進行不準確的歸因。當我們在理解自己適合做什麼工作的時候，通常會把成功的、良好的一面歸因於自身，而把失敗的、不良的一面歸因於情境或他人。

人們總是覺得，在這個世界上，一定有一種事情是我想做的，我現在的任務就是找到

它，然後掉入這個思維陷阱中，變得盲目和焦慮。可是你知道嗎？你吃飯的口味會變，你喜歡的人會變，你的興趣也會變。情竇初開時讓你怦然心動的男孩／女孩，你現在還喜歡他／她嗎？大多數人可能已經忘了他們的模樣。

作家朱洙在《愛錯了，就是青春》中寫過一句話：「生活就像一杯可樂，剛倒出瓶口會沸騰，充滿生命力，到它再也冒不出氣泡，再也沒有甜味兒時，它就失去了意義。」工作也一樣。你對某個工作的喜歡，未必持久。就像頑皮的小貓被毛線球吸引，但很快就能用美食把牠的視線從毛線球中拉回。

你的興趣，可能是個「偽興趣」。**真正的職業興趣，從來不是能讓你舒舒服服就成功拿到結果的**。只有那些你願意全身心投入的去愛，激情四射的去奮鬥、去付出，並且不管酸甜苦辣都享受其中的工作，才是你真正的興趣所在。

把對的人放到對的地方，讓對的人去做能勝任的事

美國明尼蘇達大學（University of Minnesota）的羅圭斯特（Lofquist）和大衛斯（Dawis）曾經提出過強調人境符合的心理學理論——明尼蘇達工作適應理論（Minnesota Theory of Work Adjustment，簡稱MTWA），簡單來說就是**只有當工作環境能滿足個人**

的需求（內在滿意），個人也能滿足工作的技能要求（外在滿意）時，個人在該工作領域才能夠得到持久發展。那麼，問題來了，我們如何才能與工作環境達到「匹配」的狀態呢？答案是：沒有絕對的匹配，只有相對的適合。

在做生涯諮詢師之前，我一直做人力資源管理。徵人時，我們要嚴格把關，就會用「匹配」的原則去篩選求職者，剔除那些明顯不適合的求職者，避免盲目進人。反推過來，這也同樣適合求職者。是否喜歡一項工作，取決於這份工作能否讓你忠於自我，也就是說，這份工作與你是否契合。所以，你可以透過以下三招，用「匹配」的原則，剔除那些明顯不合適的企業或職位，避免盲目擇業：

■ 人與職位的匹配

這裡的匹配不是指知識和技能的匹配，而是指人的內在特質與職位的匹配，也就是你的性格、興趣與職位的匹配。這需要借助專業的測評工具。性格方面，推薦邁爾斯—布里格斯性格分類指標（Myers-Briggs Type Indicator，簡稱ＭＢＴＩ）；興趣方面，推薦霍蘭德職業探索量表（Self-Directed Search，簡稱ＳＤＳ）。

以本文中的白寧為例，她做助理工作時感到萬分痛苦，是因為她的性格、興趣與助理工作都不匹配。白寧熱情大方、善言談，她的ＭＢＴＩ性格測試中屬於較為典型的外傾和直覺型。這種性格類型的人雖然善於人際交往，但對事情的細節把握不夠，所以做助理難免頻頻出錯。

另外，白寧的職業興趣測試中並沒有與助理工作適配的C型，所以，與職位的匹配度不夠。這樣的話，入職後就出現了難以適應的問題。

▣ 能力與職位的匹配

對於職位，企業會有明確的勝任要求。當然，不少企業也願意培養新人。白寧的很多工作就是這樣的起點。由於是新人，所以會面臨「不擅長」帶來的壓力。**有些人離職是因為不擅長，但他們卻把原因推給了「不喜歡」**。

對於那些不擅長的工作，你要做的不是逃離，而是透過分析職位要求，列出自己和職位要求的能力差，然後制定清晰的階段性能力提升計畫，看看能否透過調整能力結構來適應工作。

▣ 人與公司的匹配

人與公司的匹配是指個人的工作價值觀與公司文化的匹配。推薦使用舒伯（Super）工作價值觀測試。本文中白寧離開廣告公司是因為常需要要加班，難以適應。實際上，白寧的核心工作價值觀中有一條是「生活方式」，即「工作能讓我按照我喜歡的方式生活」。白寧希望八小時之外能夠保持獨立的生活空間，而公司的加班文化自然與這種價值觀極不匹配。

所以，有句話說得好：世上沒有真正的垃圾，只有放錯了地方的寶貝。只有把對的人放到對的地方，讓對的人去做能勝任的事，你的職業生涯才能閃閃發光。

在我經手的生涯諮詢個案中，我發現一個普遍現象：在面對關乎人生幸福的職業生涯規畫這件事上，大多數人麻木又糊塗。很多人在求職時表現得很努力、很勤奮，但卻迴避真正困難卻更有價值的部分——職業生涯的戰略思考和決策。沒有深度的思考，做什麼都是錯的。同時，我也認為，**比找到興趣更重要的，是經營興趣**。

我們對工作不感興趣，很多時候，不只是匹配的問題，還有一個重要的原因就是你無法從現在的工作中獲得成就感和價值感。這樣就形成了一個惡性循環，越沒有成就感和價值感就越不喜歡，越不喜歡就越沒有成就感和價值感。

喜歡一件事，不一定是天生的，也可以是後天培養的。如果你能夠將一種強大的內驅力帶入自己所做的工作中，你也一樣能獲得喜悅。這種內驅力因人因時而異，它可能是對某種因素的執著，也可能是一種情懷。有些人畢業時很窮，內驅力是經濟回報，所以對金錢有著強烈的執著；有些人的內驅力是影響他人，宣揚自己的價值觀，這就是一種情懷。

人的本性是好逸惡勞的，所以**工作本身是無法讓你快樂的，真正能讓你產生快樂的是「我把工作做得很好」這件事**。如果有一天你發現，你做這件事比做別的事情都好，你可能慢慢就會愛上它。有了一技之長傍身，你才有底氣去嘗試新的東西。

刻意學，一年頂十年經典語錄

真正的職業興趣，從來不是能讓你舒舒服服就成功拿到結果的。

03 你的能力要配得上你的夢想

作家王小波說，**人的一切痛苦，本質上都是對自己無能的憤怒**。你的能力要配得上你的夢想，你如今得到的一切，本質上都是現實與夢想最終妥協的產物。

有個朋友，在工作八年後辭職創業，一腳踩到了生存線，經過五年沉沉浮浮才終於熬出頭。如果你也想做自己喜歡的工作，希望這篇文章，能讓你對能力有個清晰的認知。

用實力說話而非夢想

朋友老白，做了八年業務後辭職開了一家管理諮詢公司。問他為什麼要選擇苦哈哈的創業，他說：「做人要有點夢想，我要做點自己感興趣的事，不然和鹹魚有什麼分別？」

五年前，老白是一家外資模具公司的資深業務工程師，年收入兩百多萬元；創業後，老白成為一個「草臺班子」（按：比喻臨時拼湊起來）管理諮詢公司的CEO，第一年負債一百二十六萬元。創業三年後，老白公司的帳面總算不再是負數，但也僅是維持收支平衡，沒有結餘。靠妻子的收入支撐家裡三年，為此，老白沒少挨老婆的數落。人前CEO，人後「創業狗」，摸摸口袋，比臉都乾淨。

老白說，創業的路太苦，約我見面做「教練輔導」。二〇一六年夏天，我去挪威大使館辦簽證，我們相約在北京見面。後海的夜色裡，琥珀色的雞尾酒映著老白滿面的愁容。老白喝著酒，談起他的夢想，潸然淚下。剛好老家有個朋友的公司想要請管理諮詢公司做戰略梳理，我有意幫襯老白，就從中牽線，細節讓他們自己談。

老白拿到了這個專案的競標機會，風塵僕僕的來到了東北。述標（按：指透過面對面的交流，投標人代表將自身的優勢及對標的的理解向招標人進行闡述說明的過程）結束後，甲方負責人打電話給我，一半認真一半調侃的對我說：「老孫，妳給我派個陪標的來呀？」我聽到「陪標」這兩個字時，就知道老白出局了。

我打電話給老白，問他競標的情形，他說：「這個專案涉及的內容模組很多，不僅是行銷，還涉及人力資源和財務，我們公司擅長的是行銷。我向甲方闡釋了我們的理念、夢想以及精益求精的情懷……」。

我粗暴的打斷他：「老白，你工作十多年，難道不知道我們要給客戶呈現的是實力，而非夢想和情懷？」人不能沒有夢想，否則生命就了無生趣。但光有夢想是不夠的，還需要實力來支撐。既然那麼想證明自己，那麼想做自己喜歡做的事，難道不應該苦練基本功，打磨自己的技能專長嗎？

當你販賣的是夢想和情懷，而不是實力，那麼你在興趣之路上是走不遠的。**人們會為你的實力買單，但沒有人願意為你的夢想和情懷買單。**如果你空有興趣，而沒有什麼專長，那麼就別抱怨當下的工作如此無趣。

客戶只在乎你有多擅長，不在乎你多熱愛

老白一門心思想創業，想自己當老闆，但功夫不到家，在高手如雲的管理諮詢市場，一個業餘選手，要麼「陪跑」，要麼淪為「炮灰」。

老白想不明白：「公司剛起步，技術水準還不成熟，難道不應該向客戶展示我們的真誠？創業是我的夢想，我一定會竭盡全力做好這個專案，請你相信，雖然我們的實力比不上大公司，但我們會用最真誠的心對待客戶，你知道嗎？」

我給老白潑了一頭涼水：「**沒有實力支撐的真誠，感動的是你自己，而不是客戶。**」

在商業領域裡，**客戶是否願意與你合作，取決於你有多麼擅長這件事情，而不是你有**

多麼熱愛這件事情。

我有個學員，畢業三年，工作一般，想轉行做生涯諮詢，問我可不可以帶帶他。他說只要管飯管交通費就行，他可以一邊學習一邊工作，我拒絕了他。我拒絕他的原因除了他的個性、資歷不適合這份工作外，還有一點就是：即便他不要薪水，我也要耗費精力來教他，這些時間，無論我是做諮詢還是做研習，都會創造出比教他更大的價值。

所以我告訴他，如果你真的對生涯諮詢感興趣，那麼就付出足夠多的金錢參加這方面的專業化培訓學習，同時付出足夠多的精力打磨這方面的能力。如果你真的具備了這個領域的基本能力，需要的話，我可以幫你連結資源和推薦工作。

真的，不用逢人就叨叨你那點夢想、那點興趣，當你能夠靠實力背書，就會發現只靠興趣支撐的情懷和夢想有多麼可笑。

讓自己配得上想要的東西

查理．蒙格說：「**想得到你要的東西，最好的辦法是讓自己配得上它。**」

回到老白的故事。老白說：「沒想到靠興趣前行有這麼累，還有好多感興趣的事情沒有做，現在做的也沒有做好，真是焦慮……。」

我直言不諱的告訴老白：「你的焦慮不過是興趣和能力不匹配，要麼調整需求，要麼提高能力，就這麼簡單。」

我幫老白做了一次能力的盤點與梳理。多年來的業務工作，讓老白在人際溝通和單兵作戰等方面形成了非常明顯的優勢。但老白也有非常明顯的劣勢，比如大局觀、團隊領導力、管理諮詢業務技能及資金實力等方面很多不足。

有些劣勢是先天和後天環境共同作用的結果，短時間內彌補不了。因此，經過認真考慮，老白最終決定，調整自己的需求。

老白後來做了自由講師，主講銷售技巧方面的課程。一開始和平臺合作，上課酬勞也不高，剛出道每天上課酬勞八千元到一萬兩千元左右。但由於是新人，排課量少，一個月下來也就賺個四萬元左右，和老白做業務工程師時的收入相比差了一大截。但老白很知足，他說：「總算見到『回頭錢』。」

隨著技能的精進，名氣的提高，老白的上課酬勞也高了起來。他戲稱，作為一個講師，重要的是兩個技能：一是睡覺，二是接課。老白說，平臺連結著全國各地的B端客戶，他的常態是在全國各地的跑。經常是大半夜才到目的地，早上就要元氣滿滿的去上課。所以要養成在任何地方都能隨時抓住碎片時間休息的能力，也就是「睡覺」的能力。

另外，講師的收入除了與上課酬勞有關，還與排課量有關，所以趁著年輕，還能講得動，多多接課，才是提高收入的不二法門。現在，老白的目標是，給自己兩年時間，爭取邁入百萬年薪講師行列。

很多人在轉行或者找工作時總說興趣是最好的老師，卻往往忽視了其他因素的作用。比如性格、能力和價值觀。

性格，《現代漢語詞典》的解釋是，每個人在對人、對事的態度和行為方式上所表現出來的心理特點，如開朗、剛強、懦弱、粗暴等；能力，是完成一項任務所體現出來的綜合素質；價值觀，是人認識世界、判定是非的一種認知或取向。

也就是說，要想選擇適合自己的職業，除了興趣外，你還需要考慮自己的性格、能力和價值觀。舉個例子：如果你的性格很內向，要你天天跑業務、拉單子、見客戶，這樣的工作性質就不適合你；如果你的價值觀是「經濟報酬是第一位」，要你做利他助人但薪水不高的社區服務人員就不合適。

所以，興趣並不是萬能的。**好工作，應該是興趣、性格、技能、價值觀的交集，也就是你感興趣的、適合你性格的、你有能力做的、符合你價值觀的。**

養大一個夢想，是個系統的工程，在這個工程中，興趣、性格、技能、價值觀構成了一個完整的閉環，而興趣僅僅是一個起點，它只是認識某種事物或從事某種活動的心理傾向，但卻不一定能提高工作的品質和效果。當你渴望波瀾壯闊的人生，希望走在夢想的道路上時，你要知道，支撐你走下去的絕不僅僅是興趣，能否走得長遠取決於你的能力。

所以，請努力將你的能力提升到與夢想相匹配的高度，當你的能力撐得起你的夢想，你想要的生活才會順理成章。

刻意學，一年頂十年經典語錄

客戶是否願意與你合作，取決於你有多麼擅長這件事情，而不是你有多麼熱愛這件事情。

04 比起「喜歡」，你更應選擇「拿手」

美國職業指導專家約翰・霍蘭德（John Lewis Holland）教授認為，興趣是人們活動的巨大動力，凡是具有職業興趣的職業，都可以提高人們的積極性，促使人們積極、愉快的從事該職業。所以，人們通常傾向選擇與自我興趣類型匹配的職業環境。比如，具有藝術型興趣的人希望在藝術型的職業環境中工作，因為這樣更加能發揮個人的潛能。

但是在職業選擇中，很多人都不是選擇與自己興趣完全對應的職業環境。一來人們的興趣是多樣的，多數人屬於多種興趣的綜合體；二來在進行職業選擇時，需要考慮的因素有很多，不能完全依據興趣來選，還要考慮社會需求及獲得職業的現實可能性。如果你正在從事自己不喜歡的工作，是做好手頭的事，還是追尋想做的事呢？該如何平衡呢？

興趣和擅長是兩碼子事

來訪者安楠坐在諮詢室裡靜靜的喝茶、吃點心。她從瀋陽來，風塵僕僕。此時，距離她年假結束只有三天的時間。她想辭掉那份管理顧問的工作，但苦於沒有更好的職業方向，只好用休年假的方式拖延時間。我問她休年假這段時間在做什麼。她說，嘗試了一下微商（按：利用社會化媒體的社交網路，開展一系列電商活動），賣一款洗髮水，但是每天蹲在家裡一遍遍等訂單實在不是自己的志向所在。

我問她：「你覺得做些什麼才更符合自己的志向呢？」

她說：「自助助人的工作。既幫助了別人，自己又能獲得社會的認同和成就感。」而她現在的工作，卻讓她厭煩得要命。

這幾年管理諮詢專案不好做，安楠的公司轉型開發了一些教育訓練課程，她的工作重心也從專案轉移到課程上來。安楠戲稱自己是「賣課小姐姐」。工作了幾年，安楠手下也有一支不大不小的團隊，業績做得比上不足比下有餘，也還過得去。

近兩年，安楠發現自己每天都得硬著頭皮來到辦公室，一想到自己要打著雞血似的去激勵團隊賣課，她就感覺腦袋「嗡嗡響」。她開始情緒煩躁、易怒，對工作越來越缺乏耐心，感覺自己的心特別累，時不時的蹦出跳槽甚至是轉行的想法。起初，家人並不理解，直到她說：「做不喜歡的事情讓我做得很痛苦。」

她反思了自己從大學實習到現在做過的工作，只有一個是自己從沒抱怨過累的，那份工作是自己感興趣的。

興趣＋技能＝無窮的力量。一件事情，如果你對它沒有由衷的渴望，就會像飛機失去一個引擎，雖然還能繼續飛，但是缺乏長久穩定的動力。技能決定你能否做好一件事，但如果沒有興趣的參與，即便你能出色的完成工作，也未必會獲得快樂。

和安楠不同的是，曉彤已經成功轉型，進入了職業發展快車道。

三年前，曉彤三十三歲，在財務領域耕耘了十年，雖然能力屬於中上水準，但對於這份工作，她總是缺乏熱忱。她盤點了一下自己的資源和能力後發現，以自己現在的情況，想在財務領域「混飯吃」比較容易，但想獲得矚目的職業成就幾乎不太可能。她平時對烘焙比較感興趣，希望以這個興趣為突破點，作為未來創業的起點。

曉彤拿不定主意，到底是拿著旱澇保收的薪水繼續混日子，還是索性辭職出來創業，所以她向我尋求幫助。我為曉彤做了ＳＷＯＴ分析後發現，由於曉彤剛買了房子，有貸款壓力，所以，貿然創業會讓家庭背負太大的風險。另外，雖然曉彤對烘焙的興趣遠遠超出對財務報表的興趣，但她的烘焙水準，也僅僅只能「自娛自樂」，還沒有達到可以參與市場競爭的程度。

最後，我給曉彤的建議是：做好主業，發展副業，把簡單的感官興趣發展為可供謀生的職業興趣，小步快跑，迅速嘗試。當副業收入超過主業時再考慮是否辭職。

三十三歲到三十六歲這幾年，是曉彤事業突飛猛進的幾年。她開始瘋狂的學習烘焙技術，我記得有一年家裡幾乎沒買過點心，她總是時不時的送來一些。藍莓起司、榴槤千層、月餅、花式麵包等等，她每次都要看著我吃，還要我提意見。

曉彤的手藝突飛猛進，她開始嘗試透過微信訂購的方式銷售。一開始訂單不多，由她丈夫負責開車配送，後來訂單多了就僱了配送員。小打小鬧一年後，曉彤開了一家烘焙坊，有了幾個雇員。今年五月時，在驗證了烘焙坊的盈利能力後，曉彤辭去財務經理的職位，開始全身心的投入到自己的烘焙事業中來。

從我經手的生涯諮詢個案來看，找到自己喜歡的領域並且深耕下去，這是一條切實可行且容易獲得成功的路。

為生活增加「備用項」

理想的職業，應該是你喜歡且擅長的。無論是安楠還是曉彤，她們的職業一開始呈現的都不是讓人滿意的狀態。安楠的工作狀態是擅長但不喜歡，曉彤剛開始做烘焙時是喜歡但不擅長。**做好手頭的事和追尋想做的事，它們其實都是生活的「備用項」，是你向理想**

生活邁進的過渡階段。

▣ 擅長但不喜歡，它是你的「安全區」

你一直從事一項自己不喜歡的工作，但由於職場的長期淬鍊，你已經很擅長這份工作，如果它恰恰又是你的主要經濟來源，最好的選擇是將它作為生活的安全區。在你沒有做好資源和技能儲備前，做好手頭的事，慢慢積蓄能量。

▣ 喜歡但不擅長，它是你的「潛力區」

你可能會因為不太擅長做某些事情而有一定的壓力，但因為你喜歡，你就很樂意去學，就會積極主動的提升自己。這樣一來，壓力反倒會成為你的動力。就像曉彤一樣，你只要多做事，積極淬鍊自己，不斷投入時間和精力，持續提升專業能力，你就可以晉級，遇到理想的職業。

另外，你也可以透過內部調整和發展副業的方法，提升自己對職業的滿意度。你可以考慮兩個問題：第一，在你現在的工作中，有哪些工作內容能與你的興趣相結合？第二，在你的興趣中，有哪些可以發展為副業，讓你能夠進入熱愛的領域，做自己喜歡的事？

興趣並不是職業的唯一追求，興趣要滿足你的快樂，而職業要滿足社會需求。因此，職業選擇有時也會妥協，尋求與相鄰職業環境，甚至相隔職業環境的適應。

興趣與其說是一種天賦，不如說是一種自我管理技能。那些生活得有趣的人，往往是下意識掌握這種技能的人，而我們大部分人可以透過有意識的學習，讓自己活得有趣。

刻意學，一年頂十年經典語錄

擅長但不喜歡，它是你的「安全區」；喜歡但不擅長，它是你的「潛力區」。比起「喜歡」，你更應選擇「拿手」。

05 興趣變現，你踩準了嗎

把興趣發展成能力，把能力封裝成產品。好產品的標準只有一個：能在多大程度上、多大範圍內、何種時間維度上，觸達更多的用戶。這種產品，才是興趣變現的種子。

微博上有一段視訊，講的是一位醫生打破體制內的「鐵飯碗」，辭職做主播賣寵物寄居蟹的故事。

四十歲的鄧先生畢業於軍醫大學，兩年前他還是一名月薪五萬多元的醫生，於一家三甲醫院（按：中國所有醫院據其規模〔床位數量的多少〕大小，分為一級、二級、三級，其中每一級又分為甲、乙、丙、三等；其中三級甲等為最高級別）任職。辭職後，鄧先生在淘寶做主播賣起寵物寄居蟹。那些本屬於「扔貨」（按：廢物）的寄居蟹在他這裡，最貴的一隻賣六千三百元。

鄧先生坦言，寵物寄居蟹這門生意非常冷門，自己就是淘寶直播的一朵奇葩。他賣出了幾萬隻，在他之前沒有人在淘寶上賣出過這麼多寄居蟹。六一（按：國際兒童節）

做活動，最多的時候，他一個多小時賣出五百多隻，好多都是「寶媽」（按：媽寶的媽媽）買給小朋友做兒童節禮物的。養寄居蟹有很多講究，除了飼養箱，還有各種小場景，飼主可以為自己的寄居蟹購買各種造景物件。

從三甲醫院的醫生轉行做淘寶主播，鄧先生說：「做了十九年的醫生，已經過了人生的四分之一，你為什麼不能做你自己想做的事情來過你的後半生呢？」

鄧先生的興趣愛好比較小眾，但卻能夠實現重大的商業轉化，這給我們一個啟發：你有一個興趣，並把它「玩」成專精，成為領頭羊，你就可以透過互聯網放大勢能，實現有效的商業轉化。

能變現才重要

以自己喜歡的方式度過餘生，是很多人的夢想，不少人正準備嘗試或者已經在嘗試中，這其中有成功者，也不乏失敗者。

蕭雨桐是一家公家單位的職員，自從有了寶寶，她每天早起晚睡，掙扎在工作和家庭中，疲累不堪。她從小喜歡寫作，為了寫好辦公室的公文，她報了幾個寫作的線上課程，加入一些寫作社群。

她發現社群裡有不少和她一樣情況的寶媽，靠做育兒領域的寫手賺到了錢，一些人甚至辭職做自由職業者，這讓她羨慕不已。之後，她陸續參加了幾個寫作訓練營，自信心爆棚，沒多久就辭掉了厭煩已久的工作，準備做全職寫手。只是，她萬萬沒想到，這條興趣變現之路如此難走。她經營公眾號，在各大自媒體平臺做輸出，投稿到很多親子育兒帳號，但是反應平平，收入甚微。

堅持不到一年，蕭雨桐沒能完成從「0」到「1」的起步，日子過得捉襟見肘。不得已，她只能重新找份工作。雖然新找的工作的薪水不比原來的低，但畢竟沒有公家單位穩定，為此家人對她埋怨不已。

與蕭雨桐的「手藝不精」不同，程曉沫做西點的手藝堪稱精湛。早前，她只是感興趣而已，後來花錢學習了一年。

程曉沫家境不錯，家人出錢為她租下一個不小的店面。她的店鋪主打手工麵包、西點，兼賣咖啡。

程曉沫原以為「純手工製作」和「無添加劑」是很大的賣點，銷路會不錯。但開業三個月後，慘澹的業績告訴她：消費者並不買帳。而且，她的店鋪選址在社區臨街的鋪面，早在她入駐前，那條商業街就已經有一家主打純手工製作和無添加劑的店鋪。那家店鋪是連鎖店，品牌早已深入人心，每天生意很火爆。

你看，喜歡一件事是一回事，擅長一件事是另外一回事，而形成競爭優勢並靠它變現，這才是最重要的事。

用「三塊拼圖」實現興趣變現

領英（LinkedIn）的聯合創始人里德·霍夫曼（Reid Hoffman）曾經提出過「透過三塊拼圖來培養自己的競爭優勢」的觀點。這「三塊拼圖」非常適用於興趣變現，因為興趣變現的首要前提就是構建你的競爭優勢。簡單來說，你可以把興趣變現理解為，是由**追求和價值觀**、**軟資產和硬資產**及**市場現狀**這「三塊拼圖」所組成的。

▣ 追求和價值觀

這塊「拼圖」很容易理解，實際上就是指你在出發前，首先要有全面的自我認知。還記得《愛麗絲夢遊仙境》裡的一段話：

愛麗絲：「你能告訴我，我從這兒該走哪條路嗎？」
貓：「那多半要看妳想去哪裡？」
愛麗絲：「我不在乎去哪兒。」
貓：「那妳走哪條路都沒有關係。」

所以興趣變現的第一步就是：不要著急走，先問問自己，你想要去哪裡？為什麼這件事對你重要？

■ 軟資產和硬資產

里德．霍夫曼認為，人的資產可以分成兩類。一類是軟資產，主要是指你擁有的知識、技能、個人品牌等；一類是硬資產，即你擁有的物質上的東西，比如房產、存款等。

軟資產是興趣變現的工具。比如，蕭雨桐做育兒領域的寫手收益甚微，是因為她的軟資產積累不夠，技能層面離變現還有不小的差距。所以，你若想要興趣變現，就要先看看自己的軟資產是否達到了參與市場競爭的程度。如果沒達到，就繼續修練。

硬資產是興趣變現的物質保障。當你想靠興趣變現時，盤點一下自己的硬資產是否能支撐你投入金錢去替換技能。如果你打算辭職去做自己感興趣的事，更需要考慮，假設未來一到兩年內你收入很少甚至沒有收入，你的硬資產能否支撐你走過這段最艱難的路？如果不能，先積累夠了再說。

▣ 市場現實

當你想靠興趣變現時，你推出的產品是否能獲得消費者的認可。比如，程曉沫雖然做西點的手藝精湛，但是由於市場定位不準，消費者不認可，生意仍然慘澹收場。

所以，興趣變現的終極要求是定位。你要了解你的客戶，想一想他們的需求是什麼？市場的趨勢是什麼？只有滿足了客戶的需求，你的追求和價值觀、你的硬資產和軟資產，才會有用武之地。

刻意學，一年頂十年經典語錄

喜歡一件事是一回事，擅長一件事是另外一回事，而形成競爭優勢並靠它變現，這才是最重要的事。

第六章

人生三大憾：不會選擇、不堅持選擇、不斷的選擇

01 你是誰，才會遇見誰

在網路上，有人這樣提問：「經常性遇人不淑是一種怎樣的體驗？」有網友回道：「人這輩子，誰沒遇見過幾個人渣。但是經常遇人不淑，你就要自我反省一下了。在很大程度上，是我們自己創造了自己的經歷。你是誰，才會遇見誰。」我很認同這個觀點。

把這個觀點延伸到職場，經常找不到「好工作」，不知道自己到底想要什麼，也需要自我反省一下，不是工作出了問題，而是你出了問題。**很多時候，並不是我們遇不到更好的工作，而是當那個更好的工作出現時，我們沒能成為更好的自己。**

你的實力，決定你的社交價值

我認識一位畫家，他年輕時很窮，畫過油畫、國畫，卻一直沒有很大成就。他當時的理想很簡單：能夠專門從事自己喜歡的繪畫創作工作。然而，事與願違。畫家這份職業不足以讓他養家糊口，他只能一邊搞創作，一邊在古玩城租了個攤位，靠給小公司、小旅店畫沙發背景畫、題寫牌匾和搞裝修設計謀生。從畫家到畫匠，他遭遇的不僅是心理上的巨大落差，還要四處碰壁、受盡委屈。

有一年年底，這位畫家去一家企業要帳，財務部以各種理由推脫：帳面沒有錢，老闆不在無法簽字……他記不清自己跑了多少次，直到有一次對方煩了，指著他的鼻子罵：「誰叫你來的？老闆不簽字，我能怎麼辦！」他終究沒有在年底要回錢，直到年後，在對方的要脅下，他又贈送了裱框好的「招財進寶」、「八方來財」的字後才了事。他覺得這兩幅字俗不可耐，就像他為了生存不得不委曲求全一樣俗。但這俗氣的人間煙火，又是他不得不面對的。

四十六歲時，他因一幅國畫成名。他擁有了自己的經紀人團隊。走到哪裡都被人尊稱為老師。五十歲時，他開了一家以自己名字命名的藝術館，裡面都是自己多年積累的得意畫作。他出門參加活動，前呼後擁。主辦方唯恐照顧不周：「老師，你想吃什麼、喝什麼？有什麼忌口的？老師這幅字，游雲驚龍、鐵畫銀鉤……」。

畫家不再像年輕時那樣，為了謀生，什麼活兒都接。他說自己為藝術而生，要按照自己對世界的理解進行創作。畫家還是那個畫家，只是世界變得對他越發和顏悅色，這讓他有底氣活出更好的自己。

有次和他談起年輕人的無奈：對工作不滿意，也找不到合適的工作，更是不知道自己到底想要什麼，只能繼續忍受眼前的生活。他說：「在開放的社會，你隨時隨地都會遇到一份好工作，你無法和它並肩同行不是你沒有機會，而是你沒有實力！」畫家這句話道出了一個簡單的道理：**你強的時候，你的選擇最多；你弱的時候，遇到的都是壞工作**。

實力決定自主權

小辛在一家公司做了四年基層工作，當升職無望、加薪無門時，她毅然選擇了辭職。她希望下一份工作能向管理職位衝刺，多點技術含量。她很快就找到了一份主管的職位，薪水也比以前高了不少。但問題來了，管理職位意味著承擔的責任也大，她經常加班，不像之前那樣有富餘時間可以陪孩子。她又開始重新求職，工作時間寬鬆的，往往錢給得少，而且多數是重複性工作；工作時間寬鬆、錢給得多、離家近，還要有點技術含量的工作不是沒有，比如企業高階管理或技術牛人，可以不用坐班（按：在指定的辦公地點進行辦公，同時規定無特別事不能長時間離開辦公地點），但她的實力還沒達到。

小辛沒想到求職之路如此不順，六個月內，換了四份工作。有一份工作到職不到一週就辭職了。小辛希望薪水高、工作自主性強，又有技術含量，這樣的工作有，而且不少，但是需要實力來匹配。**實力決定了自主權**。

無論是工作還是生活，想要一個滿意的結果，最重要的是實力的匹配。**如果你的實力匹配不上你想要的東西，就要做減法，找到你最想要的那個東西，其他的則要戰略性放棄。人生最無奈的不是實力不夠，而是你想要的太多**，這才是最壞的開始。

要麼提升能力，要麼降低需求

很多人的人生走向是：我用盡全力，終於過上了平凡的一生！那麼怎樣才能遇見更好的自己？要麼提升能力，要麼降低需求。

▣ 提升能力

能力有很多種，影響一個人職業成就的能力主要有三種：應變力、內驅力、影響力。

應變力，是指根據外界事物變化，能審時度勢，隨機應變的能力。我認識一個培訓師，在企業做人力資源。有那麼幾年，他所在的企業急速擴張，大批新人湧入，迫切需要有專業人才對新人進行職業化教育訓練，所以他就轉型做了企業的內部培訓師。

後來他慢慢總結了一些培訓方面的方法、套路，並且自己開發了一些課程，於是就辭職去做商業培訓師。雖然都是培訓師，但是兩者是完全不同的。在企業做內訓師時，是站在企業的角度，給員工講職業化塑造。做商業培訓師時，是站在學員（個體）的角度，給他們講如何將「員工職業化」這門課程拿回到自己的企業實行。這個過程，其實就是一個人不斷反覆精進、提升應變力的過程。

應變力可以用在所有的工作步驟上，一個又一個小的變化，不斷疊加出未來翻天覆地的大變化。它是一個人成功轉型、迅速適應環境的法寶。

內驅力，就是推動一個人做事的內部動力，它能給人積極的心理暗示。內驅力對於那些想轉型、想創業的人來說特別重要。因為無論是轉型還是創業，都意味著變化，變化意味著不確定性。即之前你在確定的職位上做確定的事，雖然你會覺得無趣，但有一點：回報是即時的、確定的。這時的你好比一個獵人，你拿上弓搭上箭，瞄準獵物，收入囊中。

但是當我們在職業轉型或者創業的過程中時，回報是不確定的、不及時的。這時的你好比農夫，你在辛勤耕耘一塊地，播種除草，經歷了春種夏長才能到秋收的環節。幸運的話，你會大豐收，但也有可能因遇到「自然災害」而減產，甚至沒收成。

這時，你靠什麼驅動自己堅持下來？如果你認為及時的、確定的收益比較重要，那你可能更適合做個獵人而不是農夫。

影響力，亞馬遜CEO貝佐斯（Jeff Bezos）曾說：「線上與線下世界，如果一個客戶不滿意，他會告訴六個朋友。在互聯網世界，他會告訴六千個人。」在行動網路時代，用戶的負面體驗會迅速傳播，同樣，正面的體驗也會迅速傳播。一個人隨時可以與很多人連結，這讓人與人之間影響力的模式發生了根本變化。人們可以透過各種管道將自己打造成某一領域的KOL（意見領袖），進而實現商業價值。

比如抖音裡的「網紅」，有些人分享美妝、有些人分享穿搭、有些人分享知識等，他們都在透過自己的能量，去影響周圍的人群。在這個時代，想要改變受眾的行為，你不一定要改變他們的觀念和態度，只要增加對他們的影響力就可以了。

▣ 降低需求

降低需求不是要人清心寡欲，它的本質是讓你的需求合理化，最終與你的目標匹配。

日本有一位女孩，在過去的十五年裡，憑著節儉度日，硬是省出了三處價值千萬的房產。二十七歲時她接受《幸福！貧窮女孩》節目的採訪。她說，她在十八歲時就立下買房的夢想，她希望自己三十四歲前能擁有三處房產，然後退休。

她只是一個普通的文書處理員，收入不高，也沒有父母的資助，是怎麼辦到的？她的方法是：省錢，降低自己的消費需求。為了省錢，她不買新衣服，穿媽媽或朋友送的舊衣服，撿舊家具用，每天伙食費控制在一百五十三日圓（約新臺幣四十三元，新臺幣與日幣的匯率大約為一比〇．二八七）以內，捨不得買碗就直接拿鍋子吃……。

二十七歲那年，她買了人生的第一處房產。這一房產一千多萬日元（約新臺幣兩百八十七萬元），有三個房間，她自己住一間，剩下的都租出去。之後的幾年裡，她陸續買下價值一千八百萬日元的第二處房產，和價值兩千七百萬日元的第三處房產。三十三歲那年，她提前實現願望，搬到了自己買的第三處房產裡。她計畫將空閒的房間出租出去，租金抵房貸。你看，省錢不是目標，只是她達成目標的一種方法而已。

無論是提升能力還是降低需求，究其根本，當你與外部世界統合時，你的內心才能真正的接納自己。你接納了自己，也就遇到了更好的自己。

刻意學，一年頂十年經典語錄

你強的時候，你的選擇最多；你弱的時候，遇到的都是壞工作。

02 只有工作可愛了，生活才會可愛

《奇葩說》節目中曾有個辯題：高薪不喜歡和低薪喜歡的工作，你選哪個？辯手詹青雲說：「就好像沒有感情的婚姻是在演戲一樣，沒有感情的工作其實也是一種欺騙。騙人容易，騙自己難。工作是我們生命中的一部分，只有工作可愛了，生活才會可愛。」

想要生活得快樂，工作選擇是個不能迴避的重要問題。在長達幾十年的職業生涯中，我們總會面對各式各樣的職業選擇和誘惑，那麼，如何才能做出合理的選擇呢？

喜歡帶來了創造，創造積累了財富

喜歡一份工作重要嗎？重要，太重要了！喜歡意味著什麼呢？作家羅曼・羅蘭（Romain Rolland）說：「真實的、永恆的、最高級的快樂，只能從三樣東西中取得：工作、自我克制和愛。」工作占據了我們人生黃金年代三分之一的精力，甚至更多。

從事一份喜歡的工作，就意味著你將擁有較高的生活品質。喜歡一份工作，意味著當你面對它時擁有無窮的精力和燃燒不盡的熱情；意味著你願意克服重重困難，主動投入時間、精力和金錢。而熱情和極致的投入會讓你擁有更多成功的可能性。

「經營之聖」稻盛和夫在《干法》一書中曾經詳細記錄了自己的職業發展歷程。大學畢業時，稻盛和夫在京都松風工業就職。那時的松風工業遲發薪資是家常便飯，業主家族內訌不斷，勞資爭議不絕，公司已經走到瀕臨倒閉的邊緣。

入職還不到一年，同期加入公司的大學生就相繼辭職，只剩下他一個人留在這個衰敗的企業。當時，他還找不到一個必須辭職的充分理由，所以他決定：先埋頭工作，不再發牢騷，不再說怪話，聚精會神，全力以赴。

在這樣拚命努力的過程中，不可思議的事情發生了！他居然一次又一次取得了出色的科研成果，成為無機化學領域嶄露頭角的新星。

他開始產生「工作太有意思、太有趣了，簡直不知如何形容才好」的感覺。這時候，辛苦不再被當作辛苦，他更加努力的工作，周圍人們對他的評價也越來越高。不久，他開發的「U字形絕緣體」成為製造電視機映像管必不可少的元件，公司接到了松下電子工業的大量訂單。這時的技術和業績也奠定了日後京瓷公司發展的基礎。

這就是喜歡一份工作的真相：喜歡帶來了創造，創造積累了財富。正如詹青雲博士所說：「高薪可以買我的人，買不到我的心。高薪可以把我綁定在工作座位上，但它不能把我的心綁在創造上。公司用高薪不只想買你的時間，他更想買你的效率、注意力、創造力，這些都是用錢逼不出來的，唯有喜歡可以帶來。」

喜歡不代表你能把這份工作做好

那麼，什麼樣的工作是我們喜歡的呢？答案是：沒有絕對讓人喜歡的工作。

在做生涯諮詢師之前，我一直在做HR（按：人力資源管理）。HR經常會問求職者一個問題，就是你為什麼選擇這份工作？很多求職者給出的答案是因為喜歡：我特別喜歡站在講臺上的感覺，所以選擇做培訓；我特別喜歡與不同類型的人打交道，所以選擇做業務……。

當你問自己為什麼選擇這份工作時，如果答案僅僅是喜歡，那你就要在心裡畫上一個大大的問號。**喜歡，僅代表一種興趣傾向，並不意味著你就一定適合做這份工作，一定能把這份工作做好。**

我的一個來訪者莉莉，四年前畢業於一所二本院校（按：普通大學）的英文系，她說自己喜歡烘焙、攝影、旅遊和寫作。工作的第二年，莉莉辭職出來做了自由職業者。

她賣過自製的西點、接拍過寫真、當過旅遊攻略寫手。但是沒有一樣能堅持到最後，因為這些工作收入微薄，不夠維持她的基本生活，最後她又重新求職做回了翻譯。

永遠不要憑「喜歡」去選擇一份工作。因為再好的工作，也有你不喜歡的部分。大部分人對於某件事情的喜歡，僅是停留在業餘愛好的層級。你見過業餘選手去打職業聯賽的嗎？所以，這個層級的喜歡是不能夠發展成職業的。

那麼，一份能讓我們保持愉悅的工作，它的衡量標準是什麼呢？答案是——**工作價值觀匹配**。是否喜歡一項工作，取決於這份工作能否讓你忠於自我，也就是說，這份工作與你的工作價值觀的契合度。

回顧一下你的職業生涯，在不同的職業階段，我們往往要在一些得失中做出選擇。例如：是要舒適輕鬆的工作環境，還是要高標準的薪資待遇？是要成就一番事業，還是要安穩太平？你在什麼樣的情境下工作熱情高漲，是什麼樣的因素驅動你努力工作？你在什麼樣的情境下遇到職業低潮，又是什麼原因導致你對工作沒有熱情？

生涯輔導大師舒伯認為，工作價值觀是個人追求與工作有關的目標，從事滿足自己內在需求的活動時所追求的工作特質或屬性，它是個體價值觀在職業問題上的反映。簡而言之：它是人們無論從事什麼工作，都會努力在工作中追求的東西。

以下為十五種工作價值觀，透過對這些工作價值觀的重要程度的排序，我們可以對工作價值進行衡量。試著找出你排在前三名的工作價值觀，它們就是你的核心工作價值觀。

- 利他主義：為他人著想，能為了他人的福利做貢獻的職業。
- 美的追求：追求美的東西，能夠製作美麗的物品得到美的享受的職業。
- 創造力：能夠讓你設計新產品、發明新事物的工作。
- 智慧激發：能夠讓你不斷思考、了解事物運作，解決新問題的工作。
- 成就動機：能讓你有一種做好工作的愉快或成功的感覺。
- 獨立自主：能讓你以自己的方式去做事的工作。
- 社會地位：讓你得到他人的尊敬和重視的工作。
- 管理權力：獲得人或事的管理權，在你許可權內，指揮調度資源。
- 經濟報酬：報酬優厚，使你能夠過得體面、富足的工作。
- 安全穩定：即使在經濟困難時也有工作，不太可能失業。
- 工作環境：在怡人的環境裡工作。
- 主管關係：在一個公平並且能與之融洽相處的管理者手下工作，和主管相處融洽。
- 同事關係：與同事在一起感到愉快、自然。

- 生活方式：能讓你按照自己所選擇的生活方式生活。
- 變化性：在同一份工作中有機會嘗試不同種類的職能，不枯燥。

認清了自己的工作價值觀，你會發現，在一份工作中，到底什麼對你來說最重要，這是一個發現自我的過程。

這個過程可以幫助你抓大放小，把它作為將來求職的指南針。當我們選擇一份工作時，不能僅看表面那些吸引我們的東西，更應該抽絲剝繭的看本質。

你應該喜歡工作本身，而不是工作的附屬品。

詹青雲博士說：「我為什麼把喜歡的東西當作工作來做？常常是覺得這件事是有價值的、是值得去做的、是重要的。就像我當律師，我可以選擇那些高薪的律師工作，去大公司打反壟斷的官司，動輒幾十個億的官司；我也可以給普通農民工提供一點法律諮詢。價值這件事，不一定是由價錢衡量的，前者的選擇有很大的價錢，可是它未必更有價值。」

所以，對於高薪不喜歡和低薪很喜歡的工作，到底如何選擇，這取決於你的工作價值觀。經濟回報也好，利他助人也罷，你認為值得就去選擇。

你現在不為未來做選擇，未來別人就會替你做選擇，而你別無選擇。

一份工作，最大的價值，在於能否讓你更好的做自己。我們不僅希望透過工作獲得豐厚的薪水、體面的生活，我們還期待工作本身帶給我們的意義和價值——激發生命的熱情，發揮我們的天賦。

刻意學，一年頂十年經典語錄

喜歡，僅代表一種興趣傾向，並不意味著你就一定適合做這份工作，一定能把這份工作做好。

03 空檔年是個奢侈品，沒實力別嘗試

那些工作多年的職場人辭職進行長期旅行或重返學校，以調整身心。這種從固定不變的生活模式中暫時跳出來，去用一年或更多的時間，在一個全新的環境體驗新的生活的方式，被稱之為空檔年。

有人透過空檔年的方式進行自我調整與重新定位，有人空檔年之後回歸現實，卻發現面臨職業斷崖的危機。我不會鼓動你選擇它或者放棄它，我只是想揭開空檔年的面紗，告訴你它的真正模樣，你看清了它，才會有更好的選擇。

裸辭去過空檔年？想清楚再上路

康雲晞即將赴西藏和新疆旅行。二〇一八年七月，這個初出校門的小姑娘進入一家私營企業做業務。新工作、新環境並沒有給她帶來新鮮感，一切都讓她感到不適應、不知所措。

在反思了業務這份工作帶給自己的職業體驗之後，她突然意識到，自己內心深處十分排斥這份工作，但未來該往哪裡走，她十分迷茫。於是，在聽了朋友的建議後，她決定裸辭旅行，用一年的時間去過無人打擾的空檔年。但她總感覺心裡不踏實，便發信問我：「關於裸辭旅行去過空檔年，妳有什麼建議？」

我問她：「裸辭沒有收入，旅行需要花錢，妳在經濟上做好準備了嗎？」

她說：「工作一年沒存下一分錢，信用卡還有少量欠款，經濟上需要收入不高的父母來支援。」

我問她：「你希望透過空檔年的方式獲得什麼呢？」她說：「看風景、看世界、讓生活慢下來。」

我又問她：「然後呢？」

她想了半天，沒說出所以然來。

隨著時代的發展，越來越多的人開始接受空檔年這個理念，但很多人對於空檔年的理解存在誤區。在他們看來，找不到未來的方向，不如停下來澈底放鬆一下，看看世界，了解自我。然而，空檔年遠沒有看起來那麼美好和簡單。

有些人透過空檔年，看到了人生百態，見識了多元世界的精彩人生。他們在空檔年中學習、成長、思考，認清了未來的方向。有些人不過是為自己逃避現實找個藉口。空檔年回歸後，除了收穫美食美景，職業發展仍然一頭霧水，甚至因為與社會長期脫節造成職業斷崖。浪費一年時間後，只能和從前一樣，湊合找份不喜歡的工作。

空檔年，值得體驗嗎？

空檔年起源於西方，不少西方名校特別支持學生用空檔年的方式去探索人生的可能性。但你也許不知道，空檔年起源甚早。十七世紀時，空檔年便在英國的貴族子弟中流行。但那時不叫空檔年，叫「壯遊」。貴族子弟不是用一年時間，而是用幾年的時間去遊歷、學習、開闊眼界。也就是說，從源頭上來講，**空檔年就是個奢侈品**。它看起來很美麗，但**想要消費得起它**，**起碼要具備兩個條件：一是有經濟後盾；二是有夠硬的技能**。

我的客戶老林的女兒小林曾就讀於美國某知名高校，本科畢業後她選擇去北歐遊歷一年再回美國讀碩士。她說學期期間學業壓力大，自己從來沒有好好放鬆過。在北歐的日子裡，她到北極圈的特羅姆瑟（Tromso）看絢爛的極光；到芬蘭的拉普蘭（Lapland）與馴鹿為伴……。

小林說，這一年她還在丹麥和瑞典兼職做過中文老師，這些都是寶貴的財富。空檔年讓她明確了自己今後的發展方向，回美國後她重新調整專業課程比例。小林之所以有資本選擇空檔年的方式，是因為她父親老林是私人企業老闆，家境極為富裕。

和小林不同，縣城出身的小米家境普通，工作三年也沒有太多積蓄。在告別了上一份工作後，小米選擇邊打工邊旅行，來度過自己的空檔年。她希望能讓生命中擁有一段不計較得失、盡情嘗試的美好時光。小米英文極好，空檔年中有五個月的時間裡她是在英文教育機構當老師賺錢，貼補旅行的花費。

小米有底氣選擇空檔年，是因為她有一項可以謀生的技能，保證了她在任何時候都有飯吃。所以，空檔年到底值不值得，你要先問問自己是不是盲目跟風，自己有多少資源能夠支撐這個選擇。同時也要清醒的認知到，**空檔年不是解決當前問題的好方法，它只是生活的緩衝。有些問題會隨著時間的流逝迎刃而解；有些問題，不過是你按下了暫停鍵，把困難推給了未來。**

空檔年，不是讓你逃避

到底空檔年該怎樣度過呢？請記住，一個有收穫的空檔年，絕對不是盲目的裸辭去旅行，而是利用這段寶貴的時間深度思考人生、調整自我。以下是空檔年的正確展開方式：

▣ 空檔年不能拔腿就走，要做好預算計畫

空檔年需要財力支撐，要制定嚴謹的預算計畫。想想，在空檔年裡你打算做哪些事情？預算是多少？如果手頭的資金不夠，你有哪些辦法彌補資金缺口？如果你打算一邊打工一邊旅行，盤點一下你的技能及旅行區域，判斷一下你的技能變現的可能性。

▣ 選擇在國內就業的應屆畢業生，應慎重對待空檔年

空檔年的目的不是為了逃避工作，而是為了更好的修行。如果你打算在國內就業，一定要慎重選擇空檔年。

應屆畢業生找工作的最大途徑是校園徵才，你選了空檔年，錯過校園徵才就只能參加社會徵才活動。社會徵才活動需要工作經驗，即便是一邊打工一邊旅行的空檔年，你也很難系統的積累就業方向所需的職位經驗。

▣ 尋找空檔年的低成本替代品

我做生涯諮詢時，經常會給來訪者用到一個評估工具——生涯之花。生涯之花是從多個維度評估我們對當下工作和生活的滿意度。

很多來訪者「追求價值的娛樂活動」和「追求樂趣的娛樂活動」得分很低。前者是指

你所參加的娛樂活動不為放鬆，而是為了獲取價值。後者是指你所參加的娛樂活動純粹是為了追求快樂、緩解壓力。這兩項分數低會導致個人學習力不足，生活緊繃，日子久了就會滋生倦怠情緒。

這時，你需要透過「間隔」的方式，調整一下生活的節奏。空檔年的成本太高，你可以選擇間隔月的形式來釋放自我。間隔月較容易實現，它不一定是整個月，而是把自己的年假與年節假日等合併起來休一個大假，讓自己徹底放鬆下來。

▣ 有計畫的學習一項技能

空檔年讓你有了更多的時間深度思考人生，這時你可以嘗試去學習一項以前想學但沒有精力學習的技能。也許這項技能會成為你回歸後的新的職業方向。即便你不打算靠這項技能謀生，當作一個業餘愛好也能陶冶情操。

▣ 防止與社會脫節，保證職業生涯的連續性

空檔年期間，千萬別把自己封閉起來，不然重新回歸後，就會面臨融入社交圈困難的問題。這方面，歐陽娜娜做得很好。她在美國上學期間，經常在社交網路上發布 vlog（按：影片部落格）。比如，早上沒洗臉賴床素顏出鏡；在廁所裡碎碎念今天到底穿什

麼；分享化妝心得，告訴大家如果上課來不及就只畫眉毛和遮黑眼圈……。

這些分享，讓人們看到了一個元氣滿滿的美少女平淡又充實的留學生活。所以，在空檔年期間你可以透過分享自己的生活，或心得感悟讓社交圈了解你的動態。你也可以給你的職場關鍵人寄明信片。我的學生在空檔年期間去西藏旅行，為我寄來了當地的明信片，上面工工整整的寫著：在雪域高原為老師祈福。這些小事花費不多，卻能讓你的職場關鍵人記住你，為以後回歸留足人情空間，確保職業生涯的連續性。

一個好的空檔年，不應該是失意之下對工作的逃避，而應該是拓寬邊界，打開人生可能性的精心安排。紀伯倫說過：「我們都已經走了太遠，以至於忘記了為什麼而出發。」對於一直低頭趕路的人們來說，在做出選擇前，不妨停下來看看前進的方向。

刻意學，一年頂十年經典語錄

空檔年，不是讓你逃避。有些問題會隨著時間的流逝迎刃而解；有些問題，不過是你按下了暫停鍵，把困難推給了未來。

04 人生是一連串的選擇，你就是你選擇的結果

知名心理諮詢師武志紅曾說：「生命的意義在於選擇。」在浩瀚的宇宙，在時間的長河裡，在進化的歷程中，渺小如塵埃的你的選擇，至少對你這個個體而言有無限的意義。選擇決定了你是誰，在時間、空間與進化的無常中，你的選擇尤其可貴，你甚至可以憑藉選擇而透過無常，看到恆常。

不是沒機會，而是你沒有選擇

因為工作關係，我經常接觸不同類型的來訪者，我發現每一次錯過的背後，都有一個選擇陷阱。

有個週日，早上五點多，我接到了曉琪的電話，原本我們預約的職業輔導時間是下週一，但她接到了學校的催款電話，所以希望能在週日做出選擇。

曉琪在東北一個縣城的少兒英語教育機構當老師，她原本的職業夢想是做一名服裝設計師。畢業後，她聽從父母的建議回到了縣城，但是這個小地方很難承載她的設計師夢想。更多時候，人們對服裝設計師的概念是「裁縫」。當了六年的英語老師，眼見著「奔三」的年齡，她每天被父母的催婚逼得很煩。

她不想一輩子平平淡淡的待在縣城，她希望重拾自己的設計師夢想，於是找到了一家學校，報名參加脫產學習（按：指在職人員在一定的期限內〔少則幾天，多則幾年不等〕完全脫離工作和生產，集中時間和精力進行學習的一種學習方式）。她希望學業結束後能留在那個學校所在的一線城市打拚。她的決定遭到了家人的強烈反對，所以報名後她遲遲沒有交學費，希望留個時間緩衝。

我幫她做輔導時發現，儘管她內心深處時常迸射職業夢想的「火花」，但一到選擇的關鍵時刻，她就總是沒有主見。動不動就說：「我爸媽說，我哥哥說……」每個人都能對她施加強大的影響力，而她自己卻總沒有個「主心骨」（按：心所憑恃）。這件事一直拖著，直到她媽媽突然生病住院，上學的事情便不了了之。

我爸說：「你們這代人，選擇多了，也不見得是好事。這麼多的選擇，讓選擇本身困難起來。」我跟他說：「其實不是選擇多了，讓選擇本身困難，而是要人們做出取捨困難，本質上是人們的決斷能力太弱了。」

我有個親戚，年輕時在外地打工存了一百二十幾萬元。前些年她從外地回到長春，準備用這筆錢做點小生意。她遲遲沒有找到合適的項目，我就建議她拿這筆錢付買房的頭期款。我告訴她，我當年在某施工企業集團工作時，對高新區（按：高科技及新技術產業開發區）的規畫了解一些，那裡的住宅未來三到五年會有很大的升值空間。

當時，有幾家知名開發商的建案，一坪均價才七萬元到八萬六千元。按照一坪八萬六千元計算的話，一間三十九坪的三人房，總價才三百三十五萬四千元。她的一百二十幾萬元，付完首付還有一點結餘。她看了幾次房子，遲遲沒有出手。她媽媽跟她說：「妳早晚要嫁人的，買什麼房子！」後來，她一直沒有找到合適的結婚對象，也沒有做生意，而是找了一家公司上班。

她沒有別的理財管道，手裡的錢存在銀行裡一直貶值。後來，她終於決定出手買房，那已經是五年以後的事了。此時，高新區的住宅一坪均價十八萬元。她手裡的錢，只夠付一間兩房，坪數二十四坪多的頭期款。

我爸一直唏噓，說她白白錯過了買房的好時機。生活對於像她這樣的人總是無情的。**如果你不能堅定的去選擇，生活就會不斷給你出選擇難題，讓你不得不選擇**。生活本身就是一個不斷需要選擇的過程，誰也別想擺脫它。

塑造人生的，往往是幾次關鍵選擇

京東集團創始人劉強東曾經在牛津大學發表演講，介紹自己的創業經歷。他提到自己人生的三次關鍵選擇，讓京東成為今天的京東：第一次選擇是二〇〇四年，他決定關掉線下實體店，全面轉型做電商；第二次選擇是二〇〇七年他決定擴充種類，從只賣IT數位產品類擴充到銷售全品項產品；第三個選擇是二〇〇七年底，他決定自建京東物流。由於自建物流成本太高，遭到了幾乎所有投資人的反對，為此，他跟投資人做了對賭。

作為一個農村出來的孩子，劉強東的人生從來不缺少「努力」二字，成就他的是在關鍵時刻做出的選擇。選擇這個詞，聽起來很玄妙。實際上，選擇無非就是拿主意。小到我們買菜吃飯，大到成家立業，我們的人生就是由這樣一個又一個選擇構成的。面對人生中的各種問題，人們做出的選擇大相徑庭。所以，有人成功，有人失敗。因此，能否做出正確的選擇，就顯得至關重要了。

我的客戶黃譚東是一家私營企業的老闆，我去他那裡做訪談。他跟我說，自己最後悔的事情就是早年間做選擇時不夠果斷，立項、招人、裁人，這讓他錯過了很多機會。黃譚東說近幾年經濟形勢變化很快，他做選擇的頻率較前些年高多了。他現在引以為傲的物聯網項目，就是自己當年力排眾議的選擇。

當初黃譚東在會上提出要投入資金發展工業物聯網技術，建立智慧電力資料檢測平臺後，立刻遭到了幾名高階主管的強烈反對。一方面，新專案需要投入大量資金，什麼時候能見到效益還是個未知數。最主要的是，新專案上馬，意味著公司權力格局的重新分配。面對幾位高階主管的態度，黃譚東絲毫沒有退讓，他堅定的說：「在會議上討論這個專案，不是跟大家商量專案的可行性。而是通知大家，並且想好要做好這件事，你們需要做些什麼。」

之後，他裁掉了那個聲音最高的反對者——他的大舅子，公司的副總經理。為這事，他老婆一個月沒和他說話。黃譚東的新專案逐漸開展起來，幾年後取得了巨大的成功，將他在業內的影響力推向了一個新高度。

能夠發現那些不易被發現的可能性，並透過正確的選擇把它轉化為現實可能性，是一個人取得成功的關鍵所在。

如何打破限制性思維，拓寬選擇空間

人會因為限制性思維而縮小自己的選擇範圍，這會導致做出糟糕的選擇。要想做出好的選擇，就必須打破限制性思維，拓寬選擇的空間。具體有四個步驟：

1 改變提問方式

做選擇時，我們經常會問自己一些問題，所以，改變過去的提問方式，提出正確的問題，是做出正確選擇的開始。

比如，一個人職業發展遇到了瓶頸，原有的平臺和職業發展模式已經滿足不了他的需求。這時候他會問自己：「我要不要辭職，換一份工作？」但是如果我們能夠換個角度，換一種方式提問：「我能夠或我願意承受多大代價來迎接接下來的改變？」後面的問題比前面的問題思考程度又更深了一層，更具針對性，基於這樣的問題，才更容易做出理智的決策。

2 澄清目標

提出問題之後，不要忙著做決策，而是要思考，到底自己想要的是什麼？只有目標釐清了，才能做出理性的選擇。

比如，我有個來訪者，接到獵頭公司的電話，對方提供一個薪水非常高的工作機會。但那份工作需要經常加班，而他的寶寶剛出生，他和妻子都需要投入更多精力照顧家庭。

他認為在這個人生階段，扮演好父親的角色比拿到一個好職位重要，所以放棄了那個工作機會。

由此我們可以看到，那些在外人眼裡充滿誘惑的機會，只有在明確了人生目標的前提下，你才知道它到底值不值得你去選擇。

3 要有備選方案

很多人在職業選擇的過程中，總是非此即彼，不是選A就是選B，其實在A、B兩個選項外，我們還應該考慮一些備選方案。

比如，你打算辭職去從事某職業，但是這件事值不值得去做呢？你可以先緩一緩，在正式辭職之前，透過副業、培訓、學習等方式體驗一下，然後看看這種體驗是否符合你的價值預期。這實際上是一種小成本的試錯，它能夠給你帶來基本的職業體驗，接下來，基於這種體驗，你再做出正確的選擇。

4 在多個目標中進行取捨

接下來我們開始比較各種方案的優缺點，進行取捨和選擇。選擇最困難的地方就在於取捨，那麼如何取捨呢？有兩種方法。一種是**排除法**，如果你想要換份工作，但你並不知道自己適合什麼、喜歡什麼，你可以透過排除法，**排除那些自己明顯不喜歡、不適合的**。排除的過程，就是不斷釐清的過程。

用完排除法，你發現還是有很多個工作方向，你也不知道該選哪一個。這時候，你可以用**平衡法**。就是**把那些不容易比較的東西用同一個標準換算**。比如，A公司錢多事多離家遠，B公司錢少事少離家近。你可以把金錢、工作量、工作距離這幾個因素換算成分數。比如一到五分，一分為不重要，五分為非常重要。你認為這幾個要素各能打幾分？要素分數相加最後計算出總分，然後做比較，這樣就有直觀的判斷了。

實際上，在這個快速發展的社會，所謂的真相可能越來越不重要，重要的是真相背後的一套選擇邏輯。而理解這些邏輯並運用這些邏輯，需要你不斷的發問、思考和求變。

刻意學，一年頂十年經典語錄

如果你不能堅定的去選擇，生活就會不斷給你出選擇難題，讓你不得不選擇。

05 你的善良要長出利齒，才不會任人消費

作家畢淑敏說：「拒絕是一種權利，就像生存是一種權利。」然而，我們從小接受的教育告訴我們，做人要大度、要善良、要處處為他人考慮。但是卻很少有人告訴我們，在人際關係中，學會拒絕，建立清晰的界限有多麼重要。

別讓你的善良被人隨意消費

二〇一九年六月，經過三個多月的訴訟，作家莫言獲得諾貝爾獎後打的第一個官司有了結果。法院判令涉案公司停止侵權行為，並賠償他各項損失共九百一十八萬元。

事情的起因，得從二〇一八年說起。莫言所住社區有一個收發室職工顧某，與莫言一家相熟。去年，顧某懇請莫言為他的一個朋友董某寫一幅字。原因是，董某為其家人支付了保險費，自己無以為報。出於好心，莫言答應顧某的要求。得知董某是做陶瓷生意的，莫言便抄寫了一首與陶瓷有關的詩讓顧某轉交。

幾天後，顧某懇求莫言讓董某登門拜訪，莫言好心答應了。在會面期間，董某與莫言合影，並拿出準備好的莫言的書請其簽名。因為兩人都曾入伍，莫言便在落款題字中寫上「贈與〇〇〇戰友」。沒想到，莫言一片好心，反被人利用。

兩人的合影、簽名書籍、題字都出現在董某公司的宣傳影片和廣告中。好心被利用，莫言奮起反擊，將這家公司告上法庭並勝訴，獲賠金額創下類似案件最高紀錄。

善良應該被褒獎，卻被壞人利用。遇到這樣的事的又何止莫言一人。生活中、工作中，我們踩過的坑還少嗎？因為善良，我們選擇付出；因為磨不開面子，我們不好意思拒絕。我們接受了太多不合理的東西，這些東西讓我們成為一個沉重的給予者和老好人。但真相往往是：善良的老好人被朋友同事隨意差遣，各種江湖救急，甚至成了背鍋俠。

太過友善，會讓你的付出變得廉價

胡穎舒是一家互聯網公司的產品經理，做線上生涯規畫輔導時，她帶著哭腔跟我通話。她是公司的老好人，儘管工作忙得要死，只要同事們有需要，她都盡量隨叫隨到。這段時間忙著搬家，她不小心砸傷了腳，簡單到醫院處理後，就又投入到緊張的工作中。

有的同事簡單的問候了她一下，而那些她幫助過的同事，對她的傷勢視而不見。他們還是像以前那樣，隨意的差遣她。她跛著腳在辦公室裡忙進忙出，由於腳不便，她請同事幫她個小忙，結果被那個同事以「手頭工作很忙」為由斷然拒絕，她心裡覺得很委屈。

她問我：「為什麼他們有事，我盡心盡力幫忙，而我需要他們幫忙時，他們連眼都不眨就拒絕我？」

為什麼？很簡單啊，因為**妳的付出很廉價，他們的拒絕沒成本！妳順從的討好每一個人，唯獨沒有討好妳自己！**

無論是在生活中還是在職場中，面對各式各樣的請求，要勇敢的說「不」，真的不容易。為什麼說不這麼難？

一是教育背景使然。我們從小被教育要助人為樂，所以很多人害怕說不會傷害別人的感情，同時，也不喜歡因為說不而帶來的摩擦。二是物種進化的必然選擇。英國薩塞克斯大學（University of Sussex）的研究員朱莉・柯達士研究發現，人們之所以很難拒絕別人，是因為對我們的祖先來說，跟別人保持一致，是一種生存策略。

比如，到了一個新環境，不知道什麼能吃，不知道什麼事情能做，最好的方式就是跟周圍人保持一致。這就是為什麼後來我們有了「入鄉隨俗」這句話。人們在行為上願意模仿他人，與周圍的環境保持一致。同時，在群體中對於別人提出的要求，人們更傾向於給出肯定的答覆，以免遭到排擠。

人們不想對別人說不，實際上是在尋求認同感和群體的接受，這是一種本能的反應。而說不之所以難，就在於人們是在同自己的本能抗爭。

幫人之前，先過濾人性

你不能對所有人都說「是」，也不能對所有人都說「不」，那麼面對別人的請求，你該扮演什麼角色呢？

華頓商學院（The Wharton School of the University of Pennsylvania）管理學教授、組織心理學家亞當·格蘭特（Adam Grant）將一個組織裡的成員分成了三類，一類是自私的「索取者」，一類是講求付出對等的「互利者」，還有一類是「給予者」。自私的「索取者」俗稱「伸手黨」，是人人都厭棄的角色。所以，你可以選擇扮演好後面的兩個角色：互利者或者給予者。

互利者，就是一切以等價交換為前提，你要我幫你可以，你拿什麼來交換呢？《蝙蝠俠：黑暗騎士》（*The Dark Knight*）中有一句話，特別適合互利者——**如果你擅長某件事，永遠不要免費去做**。互利者認為不講求回報的付出是低廉的付出，他們不吝於幫助別人，但前提是要有等價的回報。**給予者**，給予者有兩種，一種是「無私型給予者」，這種類型的給予者是組織中的老好人，往往會被人隨意差遣和利用，導致利益受損，自身的工作也完成不了，很多時候還會成為別有用心之人的背鍋俠。

另外一種是「自我保護型給予者」，他們在幫人之前，會過濾人性。他們的給予行為往往會為自己積累好人緣，也會給組織帶來貢獻。

想做自我保護型給予者，就要識別出哪些人值得幫，哪些人該拒絕。這裡，有兩個參考條件。一是**留心對方提出請求時是否設身處地為你著想**；二是**留心對方得到幫助後是否得寸進尺**。

比如，胡穎舒一瘸一拐的在辦公室忙碌，有些同事仍然一如既往的差遣她；莫言好心幫收發室顧某題字，他卻得寸進尺提出讓董某登門拜訪。對於這樣的人，必須果斷拒絕。助人為樂是美德，但前提是要保全自身。

拒絕是保護自己的底線

面對不喜歡的人和事，該如何拒絕呢？下面有三點建議：

▣ 設定拒絕的標準

拒絕的標準就猶如「止損點」，你只有清楚的設定自己的「止損點」，才知道哪些事情該答應，哪些事情該拒絕。

比如，前年有個朋友向我借四十萬元，我知道他投資一個項目虧了不少錢。借給他，這筆錢可能收不回來，不借他又傷了和氣。我最終借給他四萬元，當時的想法是，他有錢就還我，萬一還不了就自認倒楣。

事實證明，拒絕他的四十萬元借款請求是多麼明智！他欠債太多還不了，後來不知所蹤。所以，事先設定好拒絕標準很重要，最怕你含糊其辭或半推半就答應了對方，最後弄得彼此都不愉快。

▣ 不要把你的幫助看得太重要

哥倫比亞大學的管理學教授丹尼爾．阿莫斯說，**大部分尋求幫助的人，其實並沒有期待得到一個肯定的答覆，所以他們並不會因為拒絕而產生太激烈的反應**。

我曾寫一篇與聯考選填志願有關的文章，這篇文章在網路上引發熱議，我接到了幾百名家長的私信。

他們問我，孩子考的這個分數和名次，可以報考什麼學校？我給一部分家長回覆：

「可以參考文章中第三部分給出的志願填報策略，具體到個人能報考什麼學校，屬於一對一高考志願填報輔導範疇，網路上無法三言兩語給出建議。由於精力有限，我今年也不再接收志願輔導個案。」家長們對此都表示理解！

所以不要把你的幫助看得太重要。每個人的時間和精力都是有限的，你需要在自己和他人之間樹立清晰的邊界。

▣ 主動提出替代方案

拒絕別人時，如果有替代方案，會是一個非常不錯的選擇。幾年前，由於母親身體不好，我想在省城買房子給她住，方便照顧。可是我手裡的錢連頭期款都不夠，就向一個朋友借。她很為難，最終沒有借錢給我，但是提供給我一個替代方案：私人的小額貸款。雖然利率不低，但是短期應急，總體成本也不高。我採納了她的建議，買了人生的第二間房，我很感激她。有些拒絕，既彰顯了態度，又保持了友善，大家也會樂意接受。

瑞・達利歐（Ray Dalio）在《原則》（*Principles: Life and Work*）一書中寫道：「**當你培養人際關係時，你的原則和別人的原則將決定你們如何互動。**」你拒絕了膚淺，就接納了深沉；你拒絕了虛偽，就接納了真誠……你的拒絕力，是保護自己的底線，也是拒絕索取的門檻。它讓你的善良長出利齒，這樣你才不會被人隨意消費。

刻意學，一年頂十年經典語錄

你順從的討好每一個人，唯獨沒有討好你自己！

第七章

你可以擁有一切，但不能同時

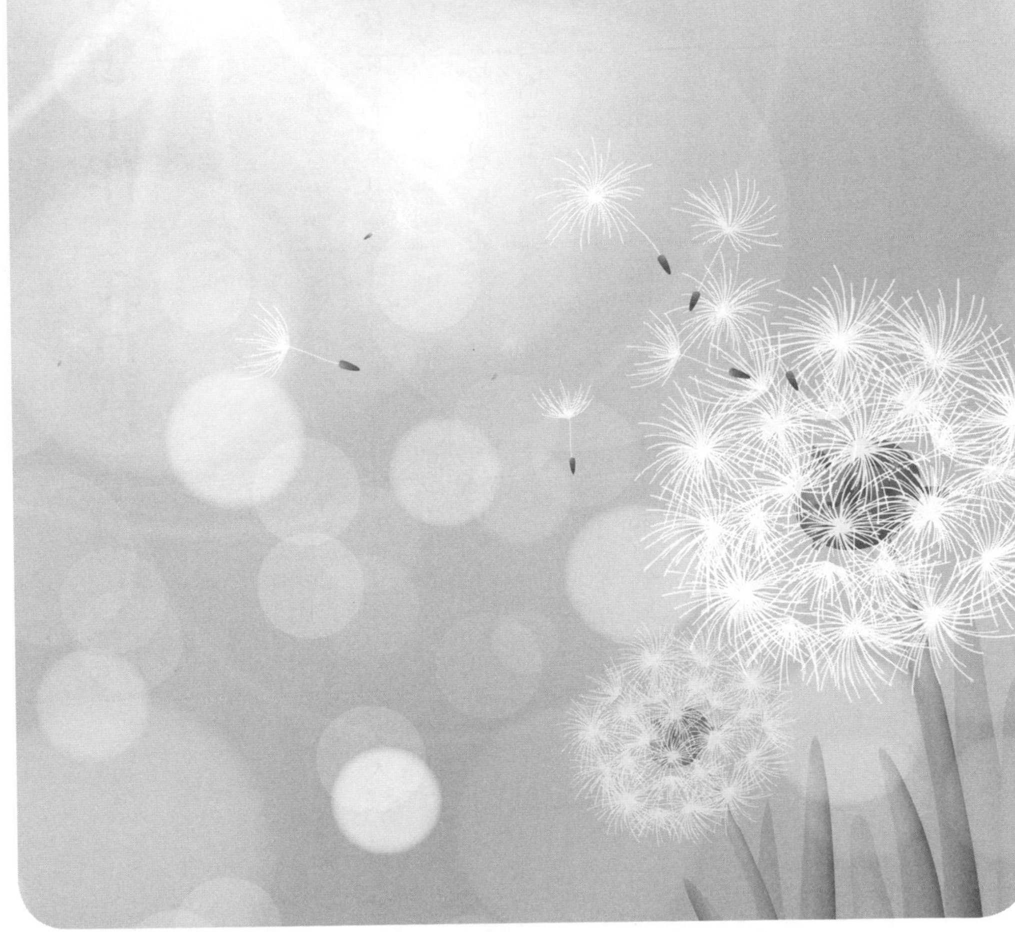

01 我不是不想工作，我只是不想上班

隨著九〇後湧入職場，這批在互聯網陪伴下長大的一代人，正用他們獨特的工作觀影響著世界。九〇後是中國第一批真正意義上在小康社會出生的人，所以，很多人沒有生存的問題。相較於八〇後初入職場求職時更關注薪資、福利，很多九〇後更關注行業的發展、企業的定位及自己能否獲得更多的成長機會。用新精英生涯創始人古典老師的話來說，他們在擇業時越過收入看增速，越過賺錢賺本錢。

我的一些九〇後來訪者，在談及對上班的感受時曾經有過這樣的調侃：「上班就是在浪費時間與青春。當有一天，上班成為一件讓你每天早上醒來都感到無比痛苦的事情時，你就該考慮換份工作了……。」

胸無大志，卻有小夢

一九九三年出生的小喬是我客戶的女兒。她的父親老喬是一家企業的高階主管，六〇

後，家境優渥。從小，老喬夫婦對小喬的教育就比較寬鬆自由。夫妻倆覺得，女孩子家，每天美美的，開心、走正路、不學壞就好。

兩年前，小喬從一所藝術院校畢業，之後在杭州的一家互聯網公司做美工。這兩年間，小喬換了好幾份工作，跨行業、跨職能，各種嘗試，但始終沒有找到自己喜歡的工作。她覺得自己生性散漫，毫無大志，不太適合鉤心鬥角的職場。她不屑於與別人爭，也不喜歡被別人惡意碾壓。後來，她再一次辭職，並且不打算重新找工作，而是回到了老家。

女兒能回到老家生活，老喬夫婦很開心。老喬想利用手頭的資源幫女兒在老家安排工作，但是小喬對上班絲毫不感興趣。喬太太覺得女孩子家年紀輕輕的不上班混日子，學壞了怎麼辦？賺不賺錢不要緊，總要有個謀生！

我和小喬談起上班的事，沒想到，她倒蠻看得開。小喬說：「決定辭職回老家那天，我覺得特別輕鬆，巨大的情緒包袱放下，一種熱情被點燃。相較於『群居』，我更喜歡『獨處』。」又說：「我的價值觀是做個有用的、溫暖的人就好，而不是強迫自己接受不喜歡的人和事，所以，這輩子不打算再上班了。」

小喬說自己從小就喜歡小動物，打算開一家寵物美容店。現在正學習寵物美容的手藝，也在留意店面出租的資訊，想等一切有些眉目再和父母商量。

我的另一位來訪者亞明也是九〇後，出生於北方某省會城市的知識份子家庭。大學畢業後，亞明留在北京工作，後來因為不喜歡朝九晚五上班的束縛，就辭職做了自由職業者，靠撰稿、攝影賺生活費。

自由職業的收入不穩定，在北京的開銷大，亞明就回老家與父母一起居住。他每個月給父母伙食費。他說，如果連吃飯都讓父母拿錢，那不是啃老嗎？自己的生活不能讓父母買單。當然了，他也承認，與父母住在一起，省了一大筆房租開銷。

他現在把生活費壓縮得很低，不買名牌，不經常外出用餐。他說控制住了欲望，更容易獲得自由。稿費和做兼職攝影師的收入雖然不多，但他量入為出，維持基本的生活倒也夠用。儘管比上班時收入少了很多，但他很享受目前這種自己掌控的生活。

他說無論是寫作還是攝影，無非都是一門手藝，靠手藝吃飯，就要把活兒做精。所以他很自律，起早貪黑寫稿子，琢磨攝影技術，希望經濟收入上能有更大的提升，以後能夠擔負更多的家庭責任。

事實上，像小喬和亞明這樣的年輕人越來越多。如今，九〇後對於上班有了更深刻的思考。他們經常會問自己：「我為什麼要上班？我在為誰上班？難道這樣按部就班就是接下來我人生的全部嗎？」

大前研一在《低欲望社會》中曾經形容日本新一代年輕人：「窮充」（窮且充實）。「窮充一代」的想法是不必為金錢或者出人頭地而工作，而是希望得到心靈上的富足。有人用「胸無大志，卻有小夢」來形容窮充一代。說白了，他們無非是想按照自己的價值觀生活而已。

馬克思在《一八四四年經濟學哲學手稿》中曾經提出過異化勞動論的概念。他認為，勞動（自由自覺的活動）是人類的本質，但在私有制條件下卻發生了異化。其具體表現是：人的原子化；人同自己的類本質相異化，即人同自由自覺的活動及其創造的對象世界相異化；人同自己的勞動產品相異化；人同人相異化，因為當人同自己的勞動產品、自己的勞動活動及自己的類本質相對立時，也必然同他人相對立。

簡單來說就是，人之所以不喜歡上班，是因為在上班中，我們的人性被抹去了，被異化成了機器上的零件，這給我們造成極大的不適。九〇後希望的工作狀態，是懷著人性化的期盼，讓工作成為生活中美好的一部分。這，才是他們眼中理想的工作。這也印證了不少九〇後的集體發聲：「我們不是不想工作，我們只是不想上班」。

上班和工作，是兩碼事

在九〇後眼中，上班和工作是兩碼事。他們認為，上班是為別人做事，而工作是為自己。這個觀點，兩年前我在《圓桌派》的一期節目上也聽到過。《圓桌派》有一期話題是「不想工作怎麼破？」當時，幾位嘉賓說：

「不是不想工作，是不想上班。」

「周圍很多年輕人，太討厭上班，工作是喜歡的，可以更精確的講是不喜歡在上班那種組織化的環境底下生活。」

「而且是那種組織化的時間表。」

根據百度百科的解釋，上班，是工業文明分工之後的產物，由於個人和家庭出現分工，就需要有相同工作任務的人在同一個地點工作，改變了農業文明時期以家庭和個人為獨立勞動單位的格局。而工作的概念是勞動生產，是社會分工中每個勞動者體現社會價值和自我價值的角色定位。

上班帶有一種勉強的、不情願的色彩，單純是為了謀生而必須要去做事。工作則帶有積極的，能夠體現自身價值和自我實現的色彩。就像小喬和亞明，他們雖然嚷嚷著不想上班，但是他們對於從事自己感興趣的工作具有極大的內驅力。所以千萬不要混淆了「上班」和「工作」的概念。

當然，不是所有人都像小喬和亞明這麼幸運。小喬家境優渥，亞明家境小康，所以經濟上的優勢能夠支撐他們做出更自由的選擇。那麼，對於多數家境普通甚至貧寒的年輕人來說，一句「不想上班」，其實背後飽含著很多心酸和無奈。

在那期《圓桌派》中，畫家陳丹青說了一句特別中肯的話：「現在一個假象是什麼選擇都在，而另一個逼到你面前的問題就是，你沒有多少選擇。」於是只好一邊抱怨著不想上班，一邊繼續埋頭幹活。

對於上班的倦怠，在每一代人身上都有體現，誰也不喜歡被框進一個模子，長成一個標準的零件（當然，不排除有些人在模子裡待久就習慣了）。但是，在九〇後身上，這種對傳統組織環境下的生活的厭倦，體現得特別明顯。

因為在行動網路時代，一支手機，就能讓你毫無保留的觀摩到世界上各個階層的人的多樣生活。我們看到了別人的精彩，看到了世界上還有一種生活叫詩和遠方。所以，年輕人的工作價值觀發生了很大的變化。他們開始思考：在這個物質社會，我應該怎樣工作，才能更貼近本心？

不想上班該怎麼辦

不想上班有兩種類型，一種是純粹的不想上班，一種是不想朝九晚五的上班，或者說不想按照組織化的時間表上班。

◘ 純粹的不想上班

日劇《房仲女王》中有個橋段：一對老夫婦想賣掉自家的大房子，換套簡陋的房子，好把多出來的錢留給他們的宅男兒子，以防自己過世後兒子沒錢花會餓死。

老太太說：「兒子大學畢業，年輕時也曾工作過，因為人際關係原因辭職，之後就一直躲在家裡。最開始嘗試了許多手段想讓他走出房門，現在已經完全放棄了。」

《圓桌派》中，主持人竇文濤也講了一個類似的宅男。一個大學畢業的男青年，上班沒幾年辭去教師工作回農村的家鄉，整日宅在家裡不出門。很長時間沒有見到他，後來村民才發現，他已經餓死在家裡。他連出去覓食都懶得動，活生生把自己餓死。

這類純粹不想工作的人，往往是由於在過去的工作或生活中遭受重大挫折，造成嚴重的心理創傷，一般性心理治療也很難康復。用陳丹青的話來說就是，「有些人天生就對這個世界不感興趣，卻無法選擇的被生了下來。他們看了看這個世界，發現沒什麼可活的，於是選擇了離開」。所以，對於這一類純粹不想工作的人，他們能活著就不錯。

▣ 不想按照組織化的時間表上班

這類人有很多。比如，本文中的小喬、亞明等。無論你是朝九晚五還是九九六（按：指早上九點上班，晚上九點下班，每週工作六天），上班很難讓人愛上的原因是，你把時間賣給了公司。在這段時間內，你的時間你說了不算，你要按照公司的時間表來走。

大部分人過的都是這樣的生活，原因很簡單，不喜歡沒用，還得養家糊口嘛！如果不想以這種方式度過餘生，該怎麼辦呢？

主副業聯動，為什麼不能脫離公司化的環境？還不是因為窮！這說明你的職業發展還沒有脫離生存期，你得看在錢的份上，忍受著自己不喜歡的事情。那麼盡快實現財務獨立是你這一時期的主要訴求。薪水收入是有限的，開源節流做好財務收支就顯得特別重要。

用副業開闢財源的方式很多，有些需要你有一技之長，比如工作之餘接點設計的活，還可以做撰稿人、攝影師、西點等。有的不需要，比如做點小生意，只要你能吃得了苦。

創業，如果你抗壓能力很強，目標性很強，對財富和地位有著強烈的渴望，不喜歡在組織裡受條條框框的束縛，那你也可以考慮去創業。但是有一點需要說明，創業是件極其艱苦的事，你可能要踩過無數次坑，才有可能會成功。想輕輕鬆鬆過日子的，趁早繞道。

做手藝人，本文中小喬就希望自己將來做個寵物美容師，她覺得手藝人活得單純而快樂。所以，如果你有什麼獨特的手藝或者能做到極致的愛好，這也可能成為一種職業。

如果你既沒有一技之長，也不打算學點一技之長，更不打算吃苦，那麼，安安心心拿著薪水，未嘗不是一種好的選擇。

瑪麗蓮．夢露曾說：「你可以擁有一切，但不能同時。」**工作是一個不斷剔除的過程，你得知道最重要的是什麼**。人們很少會做對的事，只會做他們想做的事。有時想做的事情也只是想想而已，不會去做。所以，多數人都在焦慮和懊悔中度過了平庸的一生。

我們都需要找到一種讓工作和生活共融的方式，把工作調整成更好的樣子，或者起碼做得下去的樣子，然後你才能元氣滿滿的面對每一天的生活，乃至一輩子的生活。

刻意學，一年頂十年經典語錄

如果你沒有一技之長，也不打算學，更不打算吃苦，那麼，安安心心拿著薪水，未嘗不是一種好的選擇。

02 萬一失敗了，你能承受的最大成本是多少？

我一直在琢磨一個詞：最大可承受成本。我發現無論是工作還是生活，如果你能搞清楚自己的最大可承受成本，就不會有那麼多糾結，就有極大可能換來預期的進步和收穫。最大可承受成本其實很好理解，我們可以把人生中的任何一次選擇，都看作是一次項目投資，投資就要付出成本，那麼你能承擔的最大成本是多少？

經常有讀者問我：「工作遇到瓶頸，我該轉行嗎？」、「我該選擇創業嗎？」當然，這類問題也可以換做「我該繼續讀書還是選擇就業？」、「我該留在職場還是選擇做全職媽媽？」……。

本質上，這些問題都是一樣的，我的第一反應是：你的最大可承受成本是多少？每個人的風險偏好和風險承受能力不同，答案自然也就不同。

二〇一五年，三十三歲的薛鴻濤已經是某公司的銷售總監，薪水加上獎金平均算下來月入二十五萬元。這在北方某二線城市絕對屬於高收入。所以，當他決定加盟一家初創公司，每月拿兩萬元生活補貼外加八百元話費補貼時，家人氣得罵他是神經病。

那一年的六月，因為談業務薛鴻濤認識了王承。此時的王承開了一家小廣告公司，靠承接一些設計專案維持公司運轉。公司雖然不大，但王承的夢想大，大得像一張懸在天上的餡餅。

王承告訴薛鴻濤，他最崇拜的人是行銷戰略專家傑克・特魯特（Jack Trout）。他將致力於在快消行業（按：指消費頻率高、使用時限短、擁有廣泛的消費群體、對於消費的便利性要求很高的商品銷售行業）推行特魯特的定位理念，為客戶提供品牌定位諮詢服務。

一開始，薛鴻濤覺得王承的牛皮吹得有點大。但當王承講到自己公司在給快消品（按：快速消費品，指使用壽命較短，消費頻率較高的日常用品）商店做設計時觀察到客戶的品牌定位需求，以及自己對文化溯源、品牌精髓、品牌理念的理解時，薛鴻濤才發現：王承是個厲害人物！幾次三番接觸，薛鴻濤與王承惺惺相惜，創業的激情在薛鴻濤心中炸裂。

王承主動邀請薛鴻濤加入自己的團隊，他說：「多少錢，你開價，不過我現在還給不起！我只能給你每月一、兩萬元的生活費，差額明年補齊，另外奉上一部分股權，算是咱兄弟倆合夥！」那時，我剛好在他們所在的城市，薛鴻濤就跑來問我：「如果妳是我，會怎麼選？」我說：「我不是你，我的選擇對於你而言沒有任何參考價值。不過，你可以用最大可承受成本來評估一下。」

我問薛鴻濤：「假設你和王承合夥創業失敗，你還能找到和原來收入差不多的工作嗎？」他說：「這並不難！」

我又問：「假設把這件事看作是一次項目投資，最大的風險是你損失掉的薪資，一年半載約一、兩百萬元成本，這個成本你能承受得了嗎？」薛鴻濤肯定的說：「當然能！」

我最後問：「那接下來你準備做出什麼選擇呢？」薛鴻濤一拍腦門，恍然大悟：「我知道了！」

二〇一九年，是薛鴻濤和王承合夥創業的第四年，公司業務發展迅猛。他們之前為商店做的設計業務為品牌諮詢專案做了前期鋪墊，品牌諮詢專案又帶來了新的設計訂單，兩者相互促進。現在，即使不算股份分紅，薛鴻濤的年收入也早已突破百萬。

後來，我把最大可承受成本的思路整理了一下，經常在生涯諮詢時使用，啟發來訪者思考。那就是：當你要面對人生中一項重大抉擇時，不妨大膽假設一下，如果這是一個投資項目，假設你澈底失敗了，你能承受的最大成本是多少？這實際上是一個靈魂拷問，它能讓你重新審視自己的風險承受能力。

學會擁抱風險，是風險最小的事

厭惡風險是人類的天性，但縱觀人類發展史，沒有任何一項進步，是不需要承擔風險的。學會擁抱和駕馭風險，這才是成功的捷徑。為什麼這麼說呢？

▣ 世界是一個複雜系統，難以預測

互聯網的發展使人們的生活發生前所未有的變化，世界變成一個更加複雜的系統。以生涯諮詢為例，以前我們稱之為職業規畫，但現在我覺得「規畫」兩字已經很難準確的描述它的定義，一是沒有誰能替別人規畫人生；二是互聯網的發展到底能給人類的生活帶來多大的變化，是無法想像的。

十年前，我們沒有LINE、沒有短視頻，而今，圍繞著內容創業產生了多少新職位？所以我更傾向於用「諮詢」兩個字，針對來訪者的個人成長、職業困惑給出專業化的建議，而不是為其制定好五年、十年的規畫。你可以按部就班的走，但時代不會！那些影響人類發展的重大事件，從來都不是預測出來的。

▣ 一件事情的影響力並非呈線性增長

所謂線性增長，通俗的講就是等速增長。線性的增長模式是這樣的：一、二、三、四、五……以此類推。而今天，很多事物的增長方式，呈現出非線性增長的趨勢，甚至出現了指數級增長的趨勢，迅速的裂變。

舉個例子：如果你是抖音用戶，你的粉絲不多，你每天都堅持發布某一領域的原創視頻，一天穩定的多幾十、幾百個粉絲，這就是線性增長；突然有一天，一個視頻紅了，一夜之間你多了幾萬、十幾萬，甚至幾百萬粉絲，這就是非線性增長。這幾年，非線性增長的個案越來越多。得益於互聯網對個人影響力的放大，一條視頻、一篇爆文、一次熱門事件，你可能一下子就紅了。

我說這些，是想告訴你：過去，某些能從質的層面改變事物進程的事件，發生的機率比較小，而今它的機率在不斷增大。這一切，都指向四個字：不確定性。這就要求我們擁抱風險，敢於嘗試。巴菲特說，投資的祕訣就是，用四毛錢買一塊錢的東西，那你肯定能獲得高回報。但前提是，你願意拿出那四毛錢。這其實就是一個撒網撈魚的投資遊戲。

從商業回到個人，在這樣的遊戲中，一個重要的投資原則就是：你的最大可承受成本。你可以理解為：你用四毛錢買未來可能是一塊錢的東西，這四毛錢可能會虧掉，但這個虧損是你能承受得起的。這樣去探索，你才有成功的可能性。

怎樣應對不可以預知的未來

回到薛鴻濤的案例中來，你會發現，他之所以能獲得那樣一個完美的結局，是因為他有選擇的權利。假設你是一個上班族，月入四萬，有房貸有車貸，有父母要贍養，你敢冒這個風險嗎？未必，因為薪水的大幅降低，意味著你可能連家都養不了。

很多時候，不是我們不知道一件事情會給未來帶來好的預期，而是我們真的沒得選。那該怎麼辦呢？

擴大選擇許可權！怎樣才能擴大選擇許可權呢？分兩步走：

1 賽道優勢

賽道優勢就是找到一個細分賽道去深耕，直到你擁有優勢。判斷優勢有兩個標準：一是相對優勢，如果有一百個人做這件事，你能達到八十至九十分。這個分數超越了業內的很多人，這就是相對優勢。

二是絕對優勢，如果有一百個人做這件事，你能達到九十分甚至以上，那就很有可能成為業內的領頭羊，這就是絕對優勢。你只有具備了賽道優勢，才能進行接下來的一步：冠狀跳躍。

2 冠狀跳躍

在美洲雨林生活著一種猴子，叫捲尾猴。捲尾猴經常從一棵樹冠跳到另一棵樹冠，尋找食物或嬉耍，我把捲尾猴的跳躍動作叫作「冠狀跳躍」。把這個詞延伸到職場，意味著假設外界環境發生變化，需要你更換賽道，如果你原來就在賽道的前頭，那麼更換之後你仍然可能在前頭。這實際上是一種優勢的遷移。

所以，為什麼很多時候你沒有選擇權？因為你沒有賽道優勢，無論怎麼更換賽道，都是在樹底下盤桓，無法在樹冠之間跳躍。**機會偏愛有勇氣的人，成功偏愛有底氣的人**。先打磨你的賽道優勢，再等待冠狀跳躍的契機！當面臨選擇時，如果最壞的結果你都能承受，那還猶豫什麼？幹，就完了！

刻意學，一年頂十年經典語錄

把人生中的任何一次選擇，都看作是一次項目投資，投資就要付出成本，那麼你能承擔的最大成本是多少？

03 你的努力要放對地方

生活中，總有那麼一些人在「表演努力」，而且演技一流。他們加班，忙碌異常，卻沒有任何結果。為什麼一個人明明做事很用功，最後卻沒有多大進步？那是因為他的精力被「偽努力」嚴重消耗，最後只感動了自己，卻沒有取得什麼成效。

別讓「偽努力」摧毀你的職業生涯

十年前，那時我還在一家企業做人力資源部的負責人。年底發獎金，部屬老洛是公司的老員工，她滿心歡喜的以為自己能拿一個較高的獎金係數。但是最終，卻只拿到一個屈居中等的係數。為這事，她憤憤不平，特意找我來申訴。

對此，我給了她明確的答覆：獎金係數是按照年度綜合績效考核結果來評定的，妳的考核得分不高，自然拿不到太高的係數。老洛憤憤不平：「憑什麼我的考核分數不高？難道我不夠努力嗎？」我問她：「難道妳的工作只有『努力』兩個字嗎？」

那次年終獎金，拿了較高獎金係數的人，都是各部門的精兵骨幹。有業務嫻熟，在投標中超額完成目標任務的人；有技術精湛，在專案中做出重大技術革新的人；有人脈資源廣，為公司資質升級做出重大貢獻的人；有加班，無差錯完成重大稅務籌劃的人。

反觀老洛，雖然工作多年，但業務能力一般，經常出錯。要她做薪資結算，不是明細表出錯，就是匯總表出錯，審核她做的薪資表，等於重新替她做一遍；要她跑勞保公積金，不是忘了增加人員就是忘了減少人員……她最大的優勢就是資歷老。她嚴格遵守勞動紀律，從來不遲到，我記憶中，她幾乎沒請過假。有段時間我們經常加班，老洛從來不提前走，也是跟著加班，貌似很努力。

但是，她除了有苦勞，真的沒什麼功勞。她加班並不是因為工作的增量，而是因為很多工作做不好，效率低。白天她還經常在各種社群裡閒扯，所以手頭的工作經常要拖到晚上才能做完。由於一些特殊的原因，我不能辭退她。部門的其他同事也有所顧忌，雖然不為難她，但也沒人喜愛她。所以，她能體體面面的拿到一個中等的獎金係數，但職位卻始終是邊緣化的，更別說提拔。在職場，要拿成績說話。不管你是哪路神仙家裡的「坐騎」，沒有結果的努力都是白費力氣。老洛天天加班、早出晚歸，殊不知，這是一種自欺欺人的表現，因為有很多付出看似是在努力，可其實只是偽努力。

並不是每天忙忙碌碌就叫作努力，並不是辛苦就能獲得想要的東西。**偽努力者習慣於**

做事，努力者習慣於把事做好，這才是兩者最大的差別。

懶惰的勤奮人

我的來訪者陳思銘大學畢業後一直在一家不錯的企業做技術工作。隨著時間的推移，陳思銘開始越發焦慮，由於一直沒有晉升到管理職，他總感覺自己沒有形成強勁的競爭力。時不時的擔心自己在巨大的時代變遷中被淘汰掉。

去年，陳思銘的同學老夏從日本回國，慫恿他合夥開個居酒屋。陳思銘按捺不住激動的心情，他拿出多年積蓄，再加上父母支援的一部分資金入了股。老夏負責後廚和採購，陳思銘負責前廳和運營。不出半年，虧得一塌糊塗，完敗！陳思銘很受挫，不知道下一步是繼續做生意還是找份工作趕緊上班。

我去他的居酒屋看過，雖然我不是餐飲業的行家，但也看出了兩個特別明顯的問題：一個是地段太偏僻，店面位於一個新社區的底層樓面，周圍沒有成熟的綜合商業區；二是定位不對，社區的餐館通常規模都不大，以大眾家常菜為主，便宜快速。居酒屋是舶來品，日式菜系，價格普遍偏貴，不符合社區餐飲的定位。

要說勤奮，陳思銘和老夏都不是懶人，每天起早貪黑，絞盡腦汁想辦法做行銷宣傳。他們甚至還親自到社區裡發過宣傳單小廣告。但這些都是戰術上的勤奮，在職業選擇上，陳思銘迴避了真正有價值的部分——什麼才是高價值的選擇。所以，說到底，他就是一個「懶惰的勤奮人」，不會有效努力，找不著努力的目標和路徑。

我給陳思銘做了職業測評和能力評估，幫他澄清自己的內在特質及能力分布情況。他有九年的技術工作經驗，縱向可以謀求更高的職位，橫向可以精進自己的專業水準，向內可以選擇本企業的其他職位，向外可以選擇本行業的其他企業。選擇多著呢，為什麼非要掐斷自己以前所有的經驗、資源，從零開始呢？最後還把零做成了負數。

人生最大的悲傷，莫過於將一輩子的聰明，耗費在沒有深度思考的戰術上。你低頭拚命拉車，抬頭一看卻發現方向錯了。所以，想清楚自己的目標是什麼，怎樣做才能高效的達成，有目的的投入才能獲得滿意的產出。

努力，並不保證你能成功

有句話叫「日拱一卒，功不唐捐」，意思是每天像卒子一樣前進一點點，努力就不會白費。事實上，這是絕大多數高手的戰略，他們並沒有比普通人聰明太多，關鍵在於他們的努力具有穩定性與可持續性。我有個同事老趙，十年前我做人力資源部經理時，他是市場部經理。那時正好趕上國家為了進一步擴大內需，促進經濟增長而頒布了十項措施（中國民間稱「四萬億計畫」）。

其中有幾條都與基礎建設有關，就這樣，我們公司迎來了發展的大好契機。市場部工作量陡然增加，忙投標忙得昏天暗地。老趙經常整夜的守在辦公室。

有一次，和他一起參加同事的婚禮，聊起工作，他居然沒有一點抱怨，也沒有訴說這樣的日子有多難熬。他只是申請配一個專職司機，因為常熬夜，有時候開車會走神。離開公司後，我們聯繫不多，但一直有他的消息。前些年，他升職做了集團旗下最核心的一家分公司的董事長，員工八百多人，那年，他三十五歲。

老趙事業有成，他有一個非常明顯的特質：努力常態化。這個特質，我在許多職人專家身上都能看到：在飛機上、高鐵上見縫插針改稿子、辦公的劉潤老師和吳曉波老師；凌晨三點還在剪輯音訊的自媒體人粥左羅老師……。

他們不會覺得自己的努力有多麼令人感動，多麼了不起，他們覺得這就是很普通的一件事，就像吃飯喝水一樣。普通人總會被自己的努力感動，然後默默給自己貼上「我是上進好青年」的標籤。但這些常人眼中的努力，不過是職人專家眼中不值一提的普通的一天。你是間歇性歇斯底里，人家是持續性發奮圖強，這才是本質上的差距。

努力，只是表象，它並不保證你能成功，它只是成功的最基本。在努力前面，你需要加上持續和穩定。每個人從出生那一刻起就是一塊璞玉，我們都有機會擁有閃閃發光的人生，但前提是，你能不能用堅如磐石的耐心，日復一日、年復一年不斷的打磨自己。

刻意學，一年頂十年經典語錄

努力，只是表象，它並不保證你能成功，它只是成功的最基本。

04 那些能力比你差的人，為何賺得比你多？

二〇〇九年冬天，我帶隊去陝西某九八五高校（按：共有三十九所，無論是綜合實力、學科教育還是科學研究的表現，都位居中國大學中的領先地位，可說是中國地區中的頂尖名校）徵才，有個女生給我的印象特別深刻。她應徵的職位是集團旗下一個分支機構的實驗員，還有幾個同學應徵的是集團某事業部的技術員。當時技術員這個職位，我們還會給予六十萬元的安家費，待遇十分優厚。

首輪面試結束後，那個女生打電話給我，提出希望能拿到和技術員職位一樣的安家費，並列舉了自己在校期間的一系列成績。她表示，自己是學生會幹部，年年拿獎學金，面試結束後和幾個同學聊天，發現那幾個成績不如她的同學，竟然可能有機會拿到六十萬的安家費，她覺得特別不可思議。

她問我，假設他們一同被公司聘用，是不是意味著那幾個同學的收入比她高？我肯定的答覆了她。她問：「為什麼能力比我差的人，收入反倒比我高呢？」這其實是職場的一個重要的話題：你的薪水是由什麼決定？

是什麼決定了你薪水的上限

在做生涯諮詢時，我有時會問來訪者：「你認為你的薪水是由什麼決定的？」

「由我的能力決定的，有能力的人才能拿到高薪。」

「也對，但不完全對。」

「由老闆決定的，老闆說給多少就給多少。」

「有一定道理，但不是實質性原因。」

「由職級決定的，當老闆的肯定比普通員工賺得多。」

「一般情況下是這樣的，但不絕對。」

那薪水到底是由什麼決定的呢？

對於大多數職場人而言，提高能力、升職加薪，這是很多人都會想到的，但實際上，你的薪水並不完全由個人能力決定。生涯教育專家古典老師曾經提出，**一個人的薪水是由「職能價值」和「供求關係」共同決定的**。舉個例子：

我是東北人，東北人一旦體驗過海南的溫暖，似乎便再也沒法忍受東北的嚴寒。所以這些年，不少親戚朋友紛紛在海南置業。有些親友在三亞市區買了房子，有些在海口市區及周邊，比如瓊海買房。同樣的房型，同樣的品質，三亞市區的房子要比瓊海的貴得多。

這很容易理解，房子最講究的是地段，三亞的房子除了冬天用來度假居住外，還兼具投資的功能。但瓊海的房子，特別是瓊海一些偏遠地區的房子，只有度假居住的價值，基本談不上投資。所以，同樣的房型，同樣的大小，地段越好的房子越值錢，因為它們參與的價值鏈條決定了它們的價格。

職業也是一樣的。**你在公司價值鏈條中創造的職能價值，決定了你的薪水上限，你的不可替代性，決定了你的薪水和上限之間的關係。**

就像我在文章開頭提到的那個女同學，也許她的學習成績的確比其他幾個同學強，也許她的能力也比其他幾個同學強，但是她應徵的實驗員職位，職能價值沒有技術員職位高，所以，她的待遇就沒有技術員高。作為剛畢業的學生，她的職位可替代性強，所以在薪水與上限之間，她肯定拿的是較低的水準。由於她的專業又限制了她不能應徵技術員職位，所以，最終她的收入與能力並不完全對應。

高收入，不僅意味著你要有高價值的產出，同時還需要你的職位具有一定的稀缺性。稀缺意味著不可替代性。注意，這裡說的不可替代，不是絕對的不能替代，而是說，替代你的成本比較高。

先上場找到位置，再找更好的價值增長點

互聯網轉型專家劉潤老師在二〇〇六年時，曾憑藉一篇〈計程車司機給微軟員工上的MBA課〉的文章在整個IT圈和管理界紅極一時。那年，還在微軟任職的劉潤老師搭乘一輛計程車從徐家匯趕去機場。一路上，計程車司機饒有興致的給劉潤講述了他靠開計程車每個月賺三萬多元的生意經，把劉潤徹底震撼住了。要知道，當時計程車司機一個月的收入普遍在一萬多元。

計程車上的這番對話，被劉潤寫成了博文（按：部落格文章）並迅速紅遍網路。人們沒有想到，看似簡單的計程車服務，竟然還有這麼多學問。這篇博文，證明了劉潤的商業思維能力。假如當時劉潤開個班，教學員商業管理這門課程效果能怎麼樣？我想，課程肯定不錯，但是這種一對一、點對點的C端授課，週期太長，價值回饋不高。

劉潤老師後來給企業做諮詢，擔任多家知名企業的戰略顧問，幫助傳統企業完成互聯網轉型。他在「得到」App上主理的《劉潤五分鐘商學院》，影響深遠。他利用互聯網放大個人影響力，進入了一個更好的價值鏈條。

所以，這些經驗，你完全可以借鑑：**先證明自己在某一方面的能力，然後上場找到位置，接著提升能力，再尋找更好的價值增長點。**

種一棵樹最好的時間是十年前，其次是現在

能否進入高價值職業賽道，考驗的是一個人的能力和面對選擇時的眼光。**選擇比努力更重要**。人生中，那些看似不經意的選擇，往往決定著我們職業發展的成敗和收入水準的高低。這裡，有四大選擇是我們不能忽略的：

▣ 地域的選擇

薪水的地域差異很大，這是普遍的共識。同樣是新媒體編輯，北京的薪水和長春的薪水就不能同日而語。一般來說，選擇一個地域，代表了一個人對生活的定義。有些人喜歡大城市的活力與機遇，有些人喜歡小城市的舒適與靜謐。

在地域的定位和選擇當中，我們要根據自己的性格特點，包括價值觀來做取捨。如果你想要轟轟烈烈的人生，激情滿滿有很大的夢想要去實現，那麼一線城市可能是適合你成長的地方。

如果你想要安安穩穩、平平淡淡的人生，那麼一些二、三、四線城市或者是你的老家，都是不錯的選擇。在選擇地域時，還要考慮另外一個因素，那就是這個地方與你未來的職業的匹配性。比如，在中國，有些地方已經形成了優勢的產業集群，例如長三角、珠

三角，製造業比較集中；如果你想在互聯網行業發展，北京可能是很好的選擇；如果你想在現代金融服務業發展，上海、深圳可能是很好的選擇。

所以，考慮地域時一方面要考慮你最終的生活期待是什麼，還要考慮你對於壓力和挑戰的承受程度如何，更要考慮區域中是否有足夠的產業優勢與你的職業方向相匹配。

▣ 行業的選擇

行業，基本錨定了一個人薪水水準的上限。同一個職位，不同行業之間薪水差距很大。比如，十年前我還在一家建築施工企業集團做人力資源，那時我的年終獎金是三十三萬元，而我的一個在製造業做人力資源的同學，除了每月一萬多元的薪水，並無其他現金獎勵。

那幾年，政府大力扶持基礎設施建設，所以，我的收入除了與個人能力有關外，還是行業紅利的直接反應。用今天一句時髦的話來說就是「站在風口上，豬都能飛」。所以，對於個人來說，在做職業選擇時，首先要考慮行業因素，要選擇那些高成長性的行業，才可能極大的分享行業的紅利，搭上快速發展的順風車。

當然，行業的趨勢不是一成不變的，盡量選擇那些未來十年處於高速增長的行業。如果看不到那麼遠，三到五年也是可以的。

▣ 企業的選擇

一個行業中大大小小的企業有很多，那麼如何在眾多的企業中選擇一個適合自己的呢？這裡，有兩個參考指標。一是企業的所有制形式，二是企業所處的發展階段。

企業的所有制形式主要有公營企業、民營企業、外資企業、合資企業等。不同所有制形式的企業的管理體制、文化風格、成長空間都有著很大的不同。

公營企業往往集中了行業內的大量資源，但從個人成長上來講，比較按部就班；外資企業的管理和培養體制比較有規範，但往往容易把人培養成一個標準機器上的螺絲釘；民營企業的挑戰性和發展空間都不錯，但往往管理不太有規範。所以，選擇哪種類型的企業，取決於你的價值觀，即你認為什麼東西對於當下的你來說最重要。

企業的發展階段主要包括初創期（也叫創業期）、成長期、成熟期、衰退期。初創期意味著高風險高收益。比如，你很幸運的進入到一家互聯網初創企業，後來它成功上市了，算算手上的股權，你一下子從一窮二白到身價千萬。當然，也有另外一種可能。你很不幸的進入到一家互聯網初創企業，苦苦打拚兩年，後來，它掛掉了，你失業了。所以，初創企業，意味著「不成功便成仁」，風險極大。

度過了初創期，意味著企業已經能夠扎根生存下來，這時很多企業進入了快速成長期。成長意味著蛻變，處於成長期的企業會經歷很多變革，這裡就有很多機會，所以，如果你想有更多建樹的話，成長期的企業是蠻適合的。

經過快速成長，企業開始進入相對穩定的成熟期。這一時期，企業的發展速度開始慢下來，維持一種非常穩定的狀態。所以，如果你希望工作穩穩當當、福利保障還不錯的話，成熟期的企業蠻適合的。當然，這種穩定意味著它缺乏變化和挑戰性。

企業發展到最後不可避免的進入由盛到衰的衰退期。有些企業在衰退期中死亡，有些企業透過變革獲得重生。所以，如果一家企業已經明顯處於衰退期，並且沒有變革的跡象，這是我們在職業選擇時應該避開的深坑。

▣ 職位的選擇

職位很重要，在不同的企業裡，都存在著一些關鍵性職位。這些職位直接關係到企業的戰略優勢，我們稱之為「核心職位」，處於這些職位的員工薪水普遍偏高。

很多人在求職時總是有一步到位的想法：非某某職位不做。核心職位對人的要求往往是雙高的：高能力、高績效，所以並不是所有人一開始就能夠坐到這樣的職位上去。因此，在職業選擇中，我們未必要一步到位，也未必要跳槽或者轉行。可以先瞄準一個高價值區域，然後從邊緣部分開始，慢慢擠進公司的核心區域，這是一個非常穩妥的選擇。

如果你一直糾結在那個能力比你低的同事，薪水卻比你高，那麼接下來你要做的不是羨慕嫉妒恨，也不是找老闆攤牌抱怨，而是要重新定義影響薪水高低的重要因素：

- 高速增長的行業。
- 有產業優勢的地域。
- 與職業價值觀匹配的企業發展階段。
- 高價值職位。
- 不可替代性（替代你的成本很高）。

這樣你才能獲得不錯的薪水收入。如果目前你還沒有具備以上任一條，也沒有關係，種一棵樹最好的時間是十年前，其次是現在。

刻意學，一年頂十年經典語錄

你在公司價值鏈條中創造的職能價值，決定了你的薪水上限，你的不可替代性，決定了你的薪水和上限之間的關係。

05 試錯了是青春，試對了是長大

隨著科技的發展、社會的進步，人們的選擇越來越多，但需要解決的問題也越來越複雜。在快速發展變化的年代，無論是好的生活還是壞的生活，人們一旦適應了，就不太願意去改變。因此，歷來重大的職業身分轉換受到的阻力都很大。

選擇太多反而不好選擇

吳蓓蓓畢業後，拖著個行李箱來到北京打拚，每天工作忙得焦頭爛額，因為窮，顛沛流離總是搬家。她極少休息，偶爾幾個在京好友聚會，問她最近怎麼樣，她都會用無比疲憊的聲音說：「工作、跳槽、搬家。」

有段時間她情緒極度低落，我告訴她：「多讀書、多看報，累了妳就睡覺」，說完我就後悔。我忘了，她一直在做助理的工作，主管所有的文稿、PPT都出自她手，她的大部分工作除了寫稿子、做PPT，就是搜羅材料、看書。

她說讀高中時自己最喜歡的就是寫作文，現在把寫作文變成一項工作，自己反倒「發怵」了。為了寫好文章、做好ＰＰＴ，她需要大量閱讀，現在她盯著一本書超過十分鐘就犯睏。晚上睡覺也不踏實，夢裡全是工作的場景。

我那時經常勸她：「不行就換個工作。」

她說：「自己選的路，不能太任性。」多年後，她告訴我，不堅持不行，因為本來也沒有更多的選擇。那些年，她吃了不少苦，卻從沒有和家人提及。跳了幾次槽，後來她成了一家外資企業的中層。再後來有了孩子，她想轉換職業發展軌道，希望能夠自己掌控時間，而不被公司的時間束縛。

她盤點了一下自己能做的事情後卻發現：以前沒得選時，做決策是迅速的，現在選擇多了，反倒不知如何決策。她不希望自己的人生是個固定的劇本，她希望可以嘗試不同的角色，但又不希望添加新的變數。於是，在前思後想、不停比對中，她始終不知道該邁出哪一條腿。很多人都有過類似的經歷：想做的工作不敢嘗試，想學東西又怕沒時間，於是每天都在糾結中重複，浪費激情與理想，最終變得焦慮、煩躁。

米蘭·昆德拉（Milan Kundera）在《生命中不能承受之輕》（*Nesnesitelná lehkost bytí*）一書中說：「人永遠都無法知道自己該要什麼，因為人只能活一次，既不能拿它跟前世相比，也不能在來生加以修正。沒有任何方法可以檢驗哪種抉擇是好的，因為不存在任何比較。一切都是馬上經歷，僅此一次，不能準備。」

吳蓓蓓想要的，並不是一場不同角色混演的大戲，她只是希望有這樣一份工作，能夠讓她的人生角色在工作和家庭中獲得認可。事實上，在這個複雜多變的時代，你會發現，無論多麼厲害的人，都會有自己的思維局限。有局限時，不是要透過反覆權衡才能做出正確的選擇，而是要透過「試錯」，來突破思維和視角的局限。

每一次失敗，都是成功的練習

北京，是一個希望與失望共存、壓力與張力共生的城市。無論是為了生存還是為了更好的生活，這個城市都給了那些勇於嘗試和奮鬥的人們更多的機會。吳蓓蓓決定嘗試一把，把那些自己想做的、能做的工作方向羅列出來，然後用業餘時間透過學習、兼職、訪談等方式來收集自己的職業體驗。

她嘗試過陶藝、插花、烘焙、撰稿等多個方向。她清楚的記得，當她在烘焙房聞著點心香甜的味道，揉著麵團時，那種感覺有多麼美好。但是當師父告訴她，希望她能學會這門技術，成為一個手藝人時，她卻發現，這並不是自己想要的。她只是喜歡點心香甜的味道，希望能分享給家人，僅此而已。幸運的是，吳蓓蓓在試錯的過程中，不斷的優化下一步的識別過程。

三十歲那年，她終於走上了內容創業的道路。因為並無員工，她一個人扛下所有的事，她更願意稱自己為「自由職業者」。正式辦理辭職手續的前一天，吳蓓蓓激動得徹夜難眠。

在北京這個超級大城市裡，無數螻蟻般的小人物，他們都曾有過辛酸、有過絕望。但幸運的是，總有些人找對了路，從失望走向希望，在絕地中反彈，這就是北京最有魅力的地方。

在複雜的世界裡，對於重新做出職業選擇這件事，試錯是最聰明的笨辦法。這種看似極為笨拙的辦法，其實是一種最清晰的職業識別策略。因為每一次嘗試的失敗，都能優化下一步的選擇，而成功就是靠著這樣一步一步交互替代優化來獲得的。

試錯有風險，行動需技巧

我們說「試錯」是聰明的笨辦法，但有些人的試錯，只剩下笨辦法，卻少了「聰明」兩字。我有個熟人，特別喜歡嘗試新事物。早年間他做農資（按：農用物資）生意，後來發現有朋友做旅行社賺了錢，就趕緊開了一家旅行社。再後來又看到早前做農資生意的窮哥們都賺到了錢，他慌忙把之前的生意重新撿起來。之後趕上了某省農墾系統政策調整，生意不太好做，他又丟下農資生意開闢了境外旅行線路。

去年，他發現年輕人都愛玩抖音，就拉了幾個人，開始玩短視頻。別人幹什麼，他就跟風幹什麼，跟著跟著，把自己跟丟了。每個人的人生都是一條彎路，都需要不停的試錯，但試錯是有策略的。怎樣才能把控試錯中的風險，實現高效試錯呢？

美國著名經濟學家提姆．哈福特（Tim Harford）曾經提出**試錯的三個重要方法：穩妥的小碎步、冒險的大跨步和安全的鬆耦合**。

▣ 穩妥的小碎步

在職業選擇中，我們經常會遇到有好多個職業方向，但是你不能確定哪個選項是最佳的方案。這時候，最有效的方法是去試驗自己的想法，在試驗的過程中不斷剔除不合適的選項。如果你不能一下子找出最優的選項，那麼這種看似笨拙的排除法，其實是最聰明最有效的。吳蓓蓓就是採用這種方法。她原本以為自己對烘焙很感興趣，可是當她把這當作一個職業方向探索時卻發現，自己僅僅喜歡享受烘焙成果，並不喜歡這個職業。

透過這種試驗、失敗、改進、再試驗的循環，吳蓓蓓把不合適自己的枝枝節節都剪掉了，最終實現了職業轉型。職業選擇時，涉及的外部因素特別多，有時候很多干擾因素糾纏在一起，如果不通過試驗很難找到解決問題的根本方案。

提姆．哈福特認為，這個時候，採用經過設計的試驗就是最好的辦法。因為每一次試驗，都能讓我們剔除干擾因素，一步步靠近成功。

▣ 冒險的大跨步

在職業選擇中，還有一種情況比較普遍，那就是已經存在的職業機會或已經想到的方法，都不能解決你所面臨的問題，這個時候，該怎樣透過試錯獲得突破呢？這就是試錯的第二方法：冒險的大跨步。

二〇一〇年年底，我瞞著父母辭職出來，準備創業。在外人看來，我的工作還不錯，職場七年，收入高，很體面。作為集團的改革派，我主管的人力資源部與市場部、財務部被同事們戲稱為「三巨頭」，是集團名副其實的實權派。

我在職的時候，經常會接到獵頭公司的電話，遇到不少看似不錯的職業機會，但我覺得那些都不是我想要的。從職場小白到管理層，薪水和職位步步高升，但幸福感的體驗卻並不強烈。有人說，**幸福＝價值感＋掌控感＋滿足感**，我很認同這個說法。我覺得依附於平臺，掌控感的缺失是影響我對幸福感體驗的重要因素。我拒絕了外面的機會，一頭栽進了創業的大潮中。

相較於以往，我從基層職位晉升到管理層，從小公司挪到大集團，這次投身創業的轉變對於我來說就是一次「冒險的大跨步」。這種冒險，能夠讓事情獲得突破性的進展。

所以，在職業選擇時，當你有非常明確的方向時，要敢於孤注一擲，敢於為自己的選擇承擔風險。高風險才能帶來高收益，只要你能擔得起，這些轉變都值得嘗試。

▣ 安全的鬆耦合

對於有些人來說，在職業選擇的過程中，牽一髮而動全身，一有不慎滿盤皆輸。比如，公務員如果辭職離開體制，那就意味著沒有了回頭的機會。很多基層公務員並沒有太深厚的職業技能積累和經濟積累，這就意味著，如果離開體制去「玩大冒險」，一旦輸了，就會對自己的人生和家庭生活帶來巨大的負面影響。所以，試錯還有第三個重要的方法，那就是：降低系統的耦合程度，把緊耦合變成鬆耦合，為失敗留出空間。

提姆．哈福特用「耦合」指代公司、系統、環境當中各個模組之間相互關聯、相互影響的緊密程度。有些人生選擇，對失敗的容錯率非常低，一個局部的小失誤，可能導致全域的大潰敗。如果你處於這樣的系統或者環境中，你必須想辦法來降低系統的耦合程度。

以多米諾骨牌為例。多米諾骨牌賽事經常發生意外。有一次，一位來拍攝賽事的攝影師不小心掉了一支筆，恰巧砸倒一塊骨牌，結果把整個活動搞砸了。為了避免意外事故對競賽的影響，如今的多米諾骨牌競賽，採取了安全隔離措施。人們把搭建好的骨牌隔離成若干個區域加以保護，直到表演的最後一刻才把每個區域的安全設置一一撤走。

這就是人為的把「緊耦合系統」變成「鬆耦合系統」，降低局部失敗對整體的影響，不至於讓全域無法挽回。對於職業選擇來說，建構「鬆耦合系統」的方法很多，它可能是你職業技能的提升，可能是你經濟基礎的積累，抑或是你社會資源的延伸等。

總之，如果你處在緊耦合的系統中，請仔細盤點自己的資源，為試錯創建安全區，在這個基礎上大膽的前行。

生活是一條河，誰不是摸著石頭過河呢！年輕的意義在於感受和創造這個多彩的世界，而非故步自封，因循守舊。畢竟生活中唯一不變的就是變化，而我們唯一能做的就是在不確定中，對未來充滿希望，一步一個腳印前行。

刻意學，一年頂十年經典語錄

試錯的三個重要方法：穩妥的小碎步、冒險的大跨步和安全的鬆耦合。

國家圖書館出版品預行編目（CIP）資料

刻意學，一年頂十年：喜歡的事和賺錢
的事如何兩全？職場贏家從不優先考慮
興趣，他們怎麼學、怎麼正確選擇？
／孫瑞希著.
-- 臺北市：大是文化，2020.11
288 面；17×23公分. --（Think；209）
ISBN 978-986-5548-13-1（平裝）

1. 成功法 2. 生活指導

177.2 109012775

Think 209

刻意學，一年頂十年

喜歡的事和賺錢的事如何兩全？職場贏家從不優先考慮興趣，他們怎麼學、怎麼正確選擇？

作　　者／孫瑞希
責任編輯／蕭麗娟
校對編輯／林盈廷
美術編輯／張皓婷
副總編輯／顏惠君
總 編 輯／吳依瑋
發 行 人／徐仲秋
會　　計／許鳳雪、陳嬅娟
版權經理／郝麗珍
行銷企劃／徐千晴、周以婷
業務助理／王德渝
業務專員／馬絮盈、留婉茹
業務經理／林裕安
總 經 理／陳絜吾

出 版 者／大是文化有限公司
臺北市 100 衡陽路 7 號 8 樓
編輯部電話：（02）23757911
購書相關資訊請洽：（02）23757911 分機 122
24 小時讀者服務傳真：（02）23756999
讀者服務 E-mail：haom@ms28.hinet.net
郵政劃撥帳號／ 19983366 戶名／大是文化有限公司

法律顧問／永然聯合法律事務所
香港發行／豐達出版發行有限公司 Rich Publishing & Distribution Ltd
地址：香港柴灣永泰道 70 號柴灣工業城第 2 期 1805 室
Unit 1805,Ph .2,Chai Wan Ind City,70 Wing Tai Rd,Chai Wan,Hong Kong
Tel：2172-6513 Fax：2172-4355
E-mail：cary@subseasy.com.hk

封面設計／ Patrice
內頁排版設計／ Judy
印　　刷／緯峰印刷股份有限公司
出版日期／ 2020 年 11 月初版
定　　價／新臺幣 360 元（缺頁或裝訂錯誤的書，請寄回更換）
ISBN 978-986-5548-13-1
